THOMAS MUGGENTHALER
VERBRECHEN LIEBE

1. Auflage 2010, 3. Auflage 2014
© lichtung verlag GmbH
94234 Viechtach   Postackerweg 10
www.lichtung-verlag.de
Alle Rechte vorbehalten
Umschlaggrafik: mediendesign kitzmann.wiesinger
Herstellung: DRUCKTEAM GmbH & Co. KG, Regensburg
ISBN 978-3-929517-48-4

Die Herausgabe dieses Buches wurde gefördert durch den Versöhnungsfonds der Katholischen Kirche in Deutschland und die KZ-Gedenkstätte Flossenbürg, Stiftung Bayerische Gedenkstätten.

Thomas Muggenthaler

Verbrechen Liebe

Von polnischen Männern und deutschen Frauen:
Hinrichtungen und Verfolgung in Niederbayern
und der Oberpfalz während der NS-Zeit

edition lichtung

Jörg Skriebeleit

„Ein normales Ereignis"
Fünf Erinnerungsfotos aus Flossenbürg

Als Einheiten der 90. US-Infanteriedivision am Morgen des 23. April 1945 Flossenbürg erreichten und dabei das Konzentrationslager entdeckten, waren die jungen Soldaten mit den Eindrücken völlig überfordert. „Der Anblick, der sich unseren Augen bot, war unfassbar. Haut gespannt über knochige Individuen in Häftlingskleidung, in der Kategorie halbtot bis tot."[1] Dabei war das Lager in Flossenbürg fast leer. Die SS hatte kurz vor der Ankunft der Befreier versucht, das KZ aufzulösen und die Spuren ihrer Morde systematisch zu beseitigen. Auf Todesmärschen hatte die SS über 15.000 Häftlinge Richtung Süden getrieben. Lediglich 1.600 Todkranke waren zurückgelassen worden.

Neben der medizinischen Fürsorge für diese Schwerkranken galt das Hauptaugenmerk der US-Militärstäbe der Sicherung von Spuren und Beweismitteln am Tatort Flossenbürg. Zahlreiche Untersuchungskommissionen wurden nach Flossenbürg entsandt, Kriegsberichterstatter und Fotografen dokumentierten den Schauplatz der Verbrechen. Auch einfache GIs durchstöberten die KZ-Gebäude. Während die offiziellen Untersuchungskommissionen nach Beweismitteln für die Massenverbrechen im KZ-Komplex Flossenbürg fahndeten, suchten einzelne Soldaten offensichtlich nach persönlichen „Souvenirs".

In Vorbereitung der neuen Dauerausstellung in der KZ-Gedenkstätte Flossenbürg wurde intensiv nach diesen Erinnerungsstücken amerikanischer GIs recherchiert. Dabei tauchte ein Foto-Album von Charlie Hollenbeck auf, einem an der Befreiung des KZ Flossenbürg beteiligten Soldaten des 358. US-Infanterieregimentes. Der junge Soldat hatte das

Album kurz nach seiner Demobilisierung und Rückkehr in die Vereinigten Staaten mit seinen Kriegs- und Erinnerungsfotos bestückt und liebevoll ausgestaltet. Neben Postkarten deutscher Städte und zahlreichen Bildern von Kameraden seines Regimentes fand sich eine Seite mit fünf Fotos, die nicht in dieses Schema passte. Hollenbeck hatte die Bilderseite mit folgendem Kommentar versehen: „Ein normales Ereignis im Konzentrationslager Flossenbürg im Zweiten Weltkrieg. Dieses Lager wurde am 23. April 1945 von der 90. Division befreit."[2]

Die fünf Fotos bilden eine Serie. Es sind verstörende und erschütternde Bilder. Sie zeigen den Ablauf der Hinrichtung eines jungen Mannes. Die gesamte Szenerie spielt sich am Rande eines Mischwäldchens ab. Dominant auf allen fünf Fotos ist ein provisorischer Galgen, ein zwischen einer Birke und einer Kiefer quer gelegter Holzbalken. Auf dem

ersten Bild sieht man eine Gruppe Uniformierter und ziviler Offizieller, lange Ledermäntel, Uniformmützen, Hüte, offensichtlich Gestapo, SS- oder Polizeiangehörige, Amtsträger, ein zweiter Fotograf. In der Mitte zwei in KZ-Uniform gekleidete Häftlinge, im Hintergrund der Galgenbalken und ein loser Strick. Die im Bild eingefangene Atmosphäre lässt eine bevorstehende Exekution erahnen. Die Spannung dieses ersten Fotos weicht bei der Betrachtung des Folgenden irritierender Erschütterung. Nun ist erstmals das Opfer zu sehen, ein Uniform tragender junger Mann. Die beiden KZ-Häftlinge bereiten ihn für die unmittelbar folgende Erhängung vor. Die Offiziellen betrachten die Szenerie. Das nächste Bild muss wenige Augenblicke später entstanden sein, der junge Mann hängt leblos am Strick. Für die nächste Aufnahme hat der Fotograf einen Perspektivwechsel vorgenommen. Der Erhängte ist im rechten Vordergrund des Bildes von der Seite zu sehen. Ebenfalls sichtbar ist auch die provisorische Konstruktion des Galgens. Der Blick des Fotografen fokussiert aber etwas anderes, eine bislang unsichtbare Menschengruppe, die den Ermordeten anblickt – offensichtlich anblicken muss, denn die Menge wirkt zusammengetrieben, Uniformierte umringen sie, achten darauf, dass sich niemand abwendet. Die Ansammlung, mehrheitlich Männer, wirkt entsetzt. Die wenigen Frauen schlagen sich die Hände vor das Gesicht, weinen in Taschentücher. Alle Personen sind Zivilisten, bei den im Vordergrund Stehenden sind aufgenähte kleine quadratische Abzeichen erkennbar. Das letzte Bild der Serie schwenkt wieder zurück auf den Toten. Die beiden KZ-Häftlinge haben, wiederum beobachtet von uniformierten und zivilen Offiziellen, die Leiche in einen Sarg gelegt.

Was stellen diese Szenen dar? Wer war der Ermordete? Wer waren die uniformierten und zivilen Offiziellen? Welche Rolle spielten die beiden KZ-Häftlinge bei der Hinrichtung? Welche Menschengruppe wurde gezwungen, den Erhängten zu betrachten? Wie kommen diese Fotos in den Besitz des amerikanischen GI? Was hat die Aufschrift „Flossenburg Concentration Camp" zu bedeuten?

Bereits vor dem Überfall auf Polen stellte der Mangel an Arbeitskräften eines der größten Probleme der deutschen Kriegswirtschaft dar. Trotz gravierender ideologischer Bedenken gegenüber dem massenhaften Einsatz „minderwertiger Fremdvölkischer" im Deutschen Reichsgebiet entschied sich die Regimeführung sofort nach Kriegbeginn für den Einsatz von mehr als 300.000 polnischen Kriegsgefangenen in der Landwirtschaft. Aufgrund der anstehenden herbstlichen Ernte- bzw. der kommenden Saat- und Frühjahrsarbeiten war deren Einsatz zunächst fast ausschließlich in der Landwirtschaft vorgesehen. Gleichzeitig begannen intensive Anwerbungskampagnen polnischer Landarbeiter, die zur Jahreswende und im Frühjahr 1940 mehr und mehr in Dienstverpflichtungen und regelrechte Menschenjagden im „Generalgouvernement Polen" mündeten. Bis Mai 1940 waren auf diese Weise mehr als eine Million polnische Zwangsarbeiter ins Reichsgebiet gebracht worden, unter ihnen auch die 300.000 Kriegsgefangenen, die im Februar 1940 in einen zivilen Status überführt worden waren.[3]

Doch trotz der ernährungsökonomischen Wichtigkeit des Einsatzes polnischer Zwangsarbeiter überwogen bei der Regime- und insbesondere bei der SS-Führung die ideologischen, konkret die „rasse- und volkspolitischen" Bedenken gegenüber dem „Poleneinsatz". Im Februar 1940 fanden zwischen Staats- und Parteistellen intensive Verhandlungen statt, mit dem Ziel, maximale ökonomische Ausbeutung der polnischen Arbeiter bei gleichzeitig maximaler Diskriminierung zu gewährleisten.

Mit den sogenannten „Polenerlassen" vom 8. März 1940 wurde ein ausdifferenziertes System repressiver Maßnahmen gegenüber den polnischen Zwangsarbeitern eingeführt. Der ideologische Kern dieser Bestimmungen beruhte auf dem Glauben an die Überlegenheit der deutschen „Herrenrasse". Ziel der Zwangsvorschriften war eine weitestgehende Separierung der Polen von der deutschen Gesellschaft. Die Erlasse verordneten eine generelle Kennzeichnungspflicht aller polnischen Zwangsarbeiter. Das sogenannte „Polen-Abzeichen" war nur das äußere Stigma für das generelle Verbot, mit Deutschen außerhalb der Arbeitssituation Kontakt aufzunehmen. Intime Kontakte mit deutschen Frauen sollten mit dem Tod bestraft werden.

Das Vorschriftenpaket wurde jedem Zwangsarbeiter in polnischer Sprache verlesen und die Kenntnisnahme musste per Unterschrift bestätigt werden. Insbesondere in der Landwirtschaft, in der der überwiegende Teil der polnischen Zwangsarbeiter eingesetzt war, ließ sich das Kontaktverbot aber kaum durchhalten. Daher begann die NSDAP im Frühjahr 1940 mit einer großen Propagandakampagne, in der sie die Bäuerinnen und Bauern aufforderte, „Deutsche Ehre und Blut gegenüber der triebhaften Rasse der Polen zu schützen".[4] Die Erlasse zielten also nicht nur auf die „minderwertigen Polen", sondern in volkspolitischer Absicht auch auf die deutschen Frauen und Mädchen, denen Ehrverlust, Ausschluss aus der deutschen Volksgemeinschaft und Einweisung in ein Konzentrationslager drohte.

Trotz aller rassistischen Hetze und angedrohter schärfster Strafmaßnahmen entwickelten sich tausende von Liebes- und Sexualverhältnissen zwischen deutschen Frauen und polnischen Zwangsarbeitern. Die Gestapo verfolgte diese „GV-Verbrechen" mit aller Härte, oftmals tatkräftig unterstützt von der örtlichen Bevölkerung oder lokalen Amtsträgern, denn viele der verbotenen Beziehungen wurden der Gestapo erst durch Denunziation bekannt. Die Gestapo nahm den beschuldigten polnischen Zwangsarbeiter meist umgehend in Haft, ebenso die deutsche Frau. Erhaltene Gestapo-Akten zeigen, wie ausführlich – und voyeuristisch – die

Beteiligten und Zeugen befragt wurden. Nach Abschluss der Untersuchungen holte die regional zuständige Gestapostelle beim Reichssicherheitshauptamt (RSHA) die formal notwendige Genehmigung zur „Sonderbehandlung" des Verdächtigten ein. Bei „rassischer Eindeutschungsfähigkeit" des vermeintlichen Delinquenten bestand eine geringe Chance auf Aussetzung der Hinrichtung. Häufig wurden die mutmaßlichen Rasseschänder auch direkt in ein Konzentrationslager eingeliefert. Den deutschen Frauen drohte ebenfalls KZ-Haft. Zuvor wurden sie aber häufig gezielt dem „gesunden Volksempfinden" ausgeliefert. Vielen Frauen wurden die Haare geschoren und sie wurden öffentlich als „Polenhuren" angeprangert. Diese Demütigung sollte vor allem abschreckende Wirkung zeigen, ebenso wie die öffentliche Hinrichtung des polnischen Liebespartners.

Sobald die Bestätigung des Exekutions-Befehls aus dem RSHA eingetroffen war, organisierte die zuständige Gestapo-Stelle die Exekution in der Nähe des früheren Arbeitsortes. Gemäß den Durchführungsbestimmungen für die Exekution „Fremdvölkischer" sollte die Erhängung durch Angehörige eigener Nation oder durch ein Exekutionskommando des nächstgelegenen Konzentrationslagers vollzogen werden. Zur Warnung und Abschreckung wurden alle Zwangsarbeiter der näheren Umgebung zur Anwesenheit verpflichtet. Neben den gezwungenen Zuschauern wohnten einige Teilnehmer dienstlich der Ermordung bei: die Beamten der zuständigen Gestapo-Stellen, das Exekutionskommando des nächstgelegenen Konzentrationslagers, bestehend aus Mitgliedern der politischen Abteilung des KZ, einem Lagerarzt und zwei KZ-Häftlingen. Fast immer waren auch die Leiter von NSDAP-Gliederungen des jeweiligen Ortes wie Ortsbauernführer, Kreisleiter, Ortsgruppenleiter und auch Bürgermeister Zuschauer der Ermordung. In der Regel war die lokale Bevölkerung von der Teilnahme ausgeschlossen, dennoch waren die Hinrichtungen in jedem der betreffenden

Orte Ereignisse, die von niemandem ignoriert werden konnten – und auch nicht sollten, um ihre abschreckende Wirkung zu entfalten.

Kommen wir noch einmal zu den fünf Fotografien: Die im Album des amerikanischen Veteranen Charlie Hollenbeck gefundene Fotoserie hat einmaligen dokumentarischen Wert. Sie zeigt die Ermordung eines polnischen Zwangsarbeiters durch ein mobiles Exekutionskommando. Die verwirrende Beschriftung Hollenbecks, „a regular occurance at Flossenburg", verweist zunächst auf den Fundort. Sie gibt aber auch einen eindeutigen Hinweis auf die Ausführenden der Erhängung: ein Exekutionskommando des KZ Flossenbürg. Vermutlich wurden die Bilder in den Unterlagen der politischen Abteilung gefunden, die für die Zusammenstellung der Mordtrupps zuständig war.[5]

Das Flossenbürger Kommando war im gesamten Gau Bayerische Ostmark tätig, ebenso in Mittel- und Unterfranken[6] sowie vermutlich auch im Zuständigkeitsbereich der Gestapo Karlsbad. In den betreffenden ländlichen Regionen haben ab 1941 dutzende öffentliche Hinrichtungen stattgefunden. Ebenso viele deutsche Frauen wurden verfolgt, stigmatisiert, öffentlich gebrandmarkt.

Es sind bis heute die einzigen bekannten Bilder, die eine derartige Hinrichtung zeigen. Allerdings sind das Opfer und der Tatort bislang nicht endgültig geklärt. Die Fotoserie gibt jedoch Hinweise auf Tatzeit und Identität des Opfers. Da der Erhängte eine polnische Uniformjacke trägt, ist davon auszugehen, dass er einer der 300.000 Kriegsgefangenen war, die bereits kurz nach dem Überfall auf Polen im Herbst 1939 zur Zwangsarbeit ins Reich deportiert wurden und im Frühjahr 1940 einen zivilen Status erhielten.

Die Bilder zeigen, worüber ganze Dorfgemeinschaften jahrzehntelang „Schweigegelübde" abgelegt haben. Thomas Muggenthaler versucht mit seinen akribischen Recherchen dieses Schweigen aufzubrechen. Sein Buch handelt von Liebe als Verbrechen, von Denunziationen, von öffentlichen Morden, vom Wegsehen und vom bewussten Verschweigen.

Die Serie der fünf Fotos steht exemplarisch für hunderte Exekutionen von polnischen Zwangsarbeitern im gesamten Deutschen Reich. Der Kommentar, den der junge amerikanische GI 1945 der erschütternden Bilderfolge gab, hätte eigentlich lauten müssen: „A regular occurance all over Germany – Ein normales Ereignis in ganz Deutschland." Thomas Muggenthaler präsentiert erschütternde Fallbeispiele dieser „normalen Ereignisse".

Anmerkungen:

1) William L. Johnson, Flossenburg - forty-nine years ago, o.O. 1994, unveröffentlichtes Manuskript, Archiv der Gedenkstätte Flossenbürg. „The revelation our eyes presented us with was incomprehensible. Skin drawn over boned individuals in prison garb in a category of from half dead to dead."

2) Ebd., „A regular occurance at Flossenburg Concentration Camp during World War II. This camp was liberated on April 23. 1945 by 90th Div."

3) Vgl. Ulrich Herbert, Der „Ausländereinsatz" in der deutschen Kriegswirtschaft 1939-1945, in: Rimco Spanjer, Diete Oudesluijs, Johan Meijer (Hrsg.), Zur Arbeit gezwungen. Zwangsarbeit in Deutschland 1940-1945, Bremen 1999, S. 13-21.

4) Vgl. Ulrich Herbert. Fremdarbeiter. Politik und Praxis des „Ausländereinsatzes" in der Kriegswirtschaft des Dritten Reiches, Berlin/Bonn 1985, S. 80.

5) Staatsarchiv Amberg, 81/3, Staatsanwaltschaft Weiden.

6) Ralf Rossmeissl, Terror, Schikanen, Mord – Zwangsarbeiter, die als Opfer ihr Grab in Franken fanden, in: Herbert May (Hrsg.), Zwangsarbeit im ländlichen Franken 1939-1945, Bad Windsheim 2008, S. 178-200.

Einleitung

In der KZ-Gedenkstätte Flossenbürg traf ich 1995 Julian und Frieda Noga. Die Geschichte des Ehepaars ist eine der seltenen „verbotenen" Liebesbeziehungen zwischen polnischen Männern und deutschen Frauen während des Dritten Reichs, die glücklich endeten. Der polnische Zwangsarbeiter Julian Noga und die österreichische Bauerntochter Frieda Greinegger überlebten beide ihre KZ-Haft und wanderten nach der Befreiung in die USA aus.[1]

Vielen Paaren war dieser glückliche Ausgang nicht beschieden. 1978 hatte Rolf Hochhuth mit seinem Buch „Eine Liebe in Deutschland"[2] für Aufsehen gesorgt. Hochhuth erzählt das Schicksal eines polnischen Zwangsarbeiters, der wegen der Liebe zu einer deutschen Frau hingerichtet wurde. Bei meinen Recherchen zeigte sich: diese Tragödien gab es überall.

Den Fall von Julian Majka, der in Michelsneukirchen im Landkreis Cham wegen einer Liebesbeziehung mit einer deutschen Frau hingerichtet wurde, kenne ich seit 1985, als ich an meiner Magisterarbeit schrieb.[3] Immer, wenn das Ortsschild auftauchte, fragte ich mich bei den Fahrten in meine Heimatstadt Cham: Wo war es? Wo wurde Julian Majka erhängt?

Ein Aktenfund im Staatsarchiv Amberg zeigte: Der Tod von Julian Majka war kein Einzelfall. Die Gestapo Regensburg ließ im Rahmen von „Sonderbehandlungen" vom 18. April 1941 bis zum 12. April 1943 in Niederbayern und der Oberpfalz 22 Polen in der Nähe ihres Arbeitsplatzes hinrichten.[4] Später fanden die Exekutionen im Konzentrationslager Flossenbürg statt.

Anfang der 50er Jahre ermittelte die Justiz in einer „gerichtlichen Voruntersuchung" gegen drei hohe Beamte der Gestapo-Stelle Regensburg, deren Zuständigkeitsbereich sich mit dem damaligen Regierungsbezirk Niederbayern/Oberpfalz deckte. Der Vorwurf lautete „Beihilfe zum Mord". Im Fokus der Ermittler standen: Fritz Popp[5], Polizeidirektor und Chef der Gestapo-Stelle Regensburg, Luitpold Kuhn[6], Kriminalkommissar, bei der Gestapo bis zum 1. März 1942 Leiter der Abteilung 2, die für innenpolitische Angelegenheiten und damit für die Exekutionen im Rahmen der „Sonderbehandlungen" zuständig war, und Sebastian Ranner[7], Kriminalkommissar, bis zur Befreiung Nachfolger von Kuhn als Leiter der Abteilung 2 bei der Gestapo Regensburg. Nach eigener Aussage war Ranner nach seinem Amtsantritt bei jeder dieser Hinrichtungen dabei.

Die Justiz sichtete Anfang der 50er Jahre die noch verfügbaren Akten und ließ die Beteiligten vernehmen. Auf geschätzten rund 2.500 Seiten sind die Ergebnisse dokumentiert. Auf der Basis dieser Akten und an Hand von Interviews mit Zeitzeugen entstand im Jahr 2003 meine Rundfunksendung „Verbrechen Liebe – von polnischen Männern und deutschen Frauen im Dritten Reich".[8]

Dieses Buch versucht, die Ereignisse um die 22 von der Nachkriegsjustiz in Niederbayern und der Oberpfalz ermittelten Exekutionen von polnischen Zwangsarbeitern in der Nähe ihres Arbeitsplatzes im Rahmen der „Sonderbehandlungen" darzustellen. Vielfach handelt es sich um bewegende Liebesgeschichten. Aber nicht in allen Fällen lagen Liebesbeziehungen den Ermittlungen zu Grunde. Einigen Beschuldigten wurde „Notzucht", sprich Vergewaltigung, oder „Unzucht mit Kindern" vorgeworfen. Zum Teil sah sich bereits die Nachkriegsjustiz außer Stande, zu klären, ob die Vorwürfe berechtigt waren oder nicht. Die Justiz stufte diese Hinrichtungen ohne Prozess und Urteil als Morde ein, unabhängig davon, ob sich ein Zwangsarbeiter etwas zuschulden kommen hatte lassen oder nicht.

Die wichtigste Quelle ist der genannte Akt im Staatsarchiv Amberg. Nur in sehr wenigen Fällen sind die Aussagen der damals beschuldigten Zwangsarbeiter gegenüber der örtlichen Polizei überliefert. Die Gestapo-Akten sind nicht erhalten. Einige Fälle wurden bei den Entnazifizierungsverfahren beteiligter Personen thematisiert. Manche der lokalen Akteure hatten sich zudem in eigenen Verfahren zu verantworten. Interviews mit Zeitzeugen machten es mir möglich, Fälle genauer zu beleuchten und die individuelle Perspektive Betroffener einzuführen.

Als Beispiel für die Hinrichtungen im KZ Flossenbürg, die im Rahmen dieser Publikation nicht alle rekonstruiert werden konnten, steht zum einen die Geschichte von Wassili Sisko: Er ist der einzige Arbeiter aus der früheren Sowjetunion in diesem Kontext. Exemplarisch für die Polen, die in Konzentrationslagern starben oder deren Schicksal unbekannt ist, stehen Karol Wolowiec, Mieczyslaw Gruchacz und Stanislaw Czabanski. Überlebt haben ihre Verfolgung Stanislaw Mlynarski, der „eingedeutscht" wurde, und Pjotr Zuk, der sich später in den USA ein neues Leben aufgebaut hat.

Auch die beteiligten deutschen Frauen wurden schwer bestraft. Nur im ersten der hier untersuchten Fälle wurde die Frau vor Gericht gestellt und zu einer Haftstrafe verurteilt. Die meisten anderen wurden ohne Prozess und Urteil in das Konzentrationslager Ravensbrück eingewiesen. Zwei Partnerinnen von hingerichteten Polen starben später im KZ Auschwitz.

Das faschistische Dritte Reich verschleppte Millionen ausländischer Arbeitskräfte, vorzugsweise aus Osteuropa, um in Deutschland die Wirtschaft während des Krieges aufrechtzuerhalten.[9] Im Bericht des Regierungspräsidenten von Niederbayern und der Oberpfalz, für den der kommissarische Leiter des Amtes, Herrmann Edler von Gäßler, verantwortlich zeichnete, hieß es am 9. Dezember 1939: „In der Landwirtschaft hat der Arbeitseinsatz der kriegsgefangenen Polen eine starke Entlastung gebracht."[10] Neben dem Einsatz von Kriegsgefangenen wurden in Polen auch Zivilisten zum

Arbeitseinsatz angeworben. Da der Bedarf so nicht gedeckt werden konnte, ging die Werbung um Freiwillige sehr bald in Zwang über. Ganze Jahrgänge wurden dienstverpflichtet. Bei Razzien wurden Menschen von der Straße weg zum Arbeitseinsatz nach Deutschland verschleppt.[11]

Die Polen wurden gemäß einem ausgetüftelten Regelwerk innerhalb des deutschen Herrschaftssystems zu Menschen zweiter Klasse degradiert. An ihrer Kleidung hatten sie sichtbar ein „P" zu tragen, sie durften in Gasthäusern nicht bedient werden und öffentliche Verkehrsmittel nur mit spezieller Erlaubnis benutzen. Noch schlechter behandelt wurden die später aus der Sowjetunion ins Reich geholten „Ostarbeiter", an deren Kleidung sichtbar die Aufschrift „Ost" zu sehen sein musste.[12]

Die Machthaber sahen sich vor die Aufgabe gestellt, die Trennung zwischen Zwangsarbeitern und Deutschen im Sinne der faschistischen Ideologie in der Praxis durchzusetzen. Das erwies sich als besonders schwierig, wenn diese nicht in Lagern lebten, sondern auf dem Hof der Landwirte, bei denen sie im Dienst standen. Um den „verbotenen Umgang" zwischen diesen Zwangsarbeitern und deutschen Frauen einzudämmen, brandmarkten fanatische Nationalsozialisten, einem entsprechenden Erlass Himmlers vom 31. Januar 1940[13] folgend, auch in Niederbayern und der Oberpfalz deutsche Frauen, die verbotener Verhältnisse mit ausländischen Männern verdächtigt wurden.

In der Stadt Regen schnitten örtliche NS-Funktionäre am 19. April 1940 einer Jugendlichen die Haare ab. Sie hängten ihr Plakate vor die Brust und auf den Rücken, führten sie zwei Stunden lang durch die Stadt und stellten sie am Stadtplatz zur Schau. Danach wurde das Mädchen einige Tage inhaftiert. Der Grund: Ein Ortsgruppenleiter aus der Umgebung wollte am Tag zuvor beobachtet haben, dass das Mädchen im Durchgang einer Brauerei einen Polen geküsst hatte. Die Jugendliche hatte das bestritten.[14]

In dem Ort Pleystein im Landkreis Neustadt an der Waldnaab wurde eine Frau wegen einer Liebesbeziehung mit einem Polen diffamiert. Im Regierungspräsidentenbericht vom April 1941 heißt es: „Auf Veranlassung der Kreisleitung wurden ihr vor ihrer Festnahme auf dem Marktplatz in Pleystein vor dem Hauptgottesdienst von einem SA-Mann die Haare geschoren. Anschließend wurde sie mit zwei Plakaten ‚Ich bin eine Polenhure' behängt, 25 Minuten den Marktplatz entlang geführt."[15]

Den „verbotenen Umgang" und den strikt verbotenen Geschlechtsverkehr, das sogenannte „GV-Verbrechen", bekam das faschistische Herrschaftssystem aber nicht in den Griff. Regierungsvizepräsident Hermann Edler von Gäßler berichtete im Mai 1941: „Die Fälle, dass Polen oder Polinnen mit Deutschen in unerlaubte Beziehungen treten, haben eine erhebliche Mehrung erfahren. In acht Stadt- und Landkreisen erfolgten Festnahmen von Deutschen und Polen wegen Geschlechtsverkehrs."[16] Um den Umgang mit polnischen Zwangsarbeitern zu regeln, hatte das Reichssicherheitshauptamt (RSHA) im März 1940 die sogenannten „Polen-Erlasse" herausgegeben, die am 3. September 1940 verschärft wurden. Bei den regelmäßigen „Polen-Appellen" wurden die ausländischen Arbeitskräfte auf ihre Pflichten hingewiesen. Den Polen wurde ein Merkblatt verlesen, das folgendes unmissverständliche Verbot enthielt: „Wer mit einer deutschen Frau oder einem deutschen Mann geschlechtlich verkehrt, oder sich ihnen sonst unsittlich nähert, wird mit dem Tod bestraft."[17] Polnischen Männern, die mit deutschen Frauen Geschlechtsverkehr hatten, drohte damit im Rahmen der „Sonderbehandlungen" die Exekution.[18] Nicht alle Fälle „verbotenen Umgangs" endeten mit dem Tod des polnischen Zwangsarbeiters. Es gibt auch Beschuldigte, die „nur" in ein Konzentrationslager eingeliefert wurden.

Eine umfassende Analyse der Verfolgung einschlägiger Delikte müsste die Einweisungen in Konzentrationslager einbeziehen. Hinzu kämen Fälle, die vor den Sondergerichten der nationalsozialistischen Justiz verhandelt wurden und auch mit dem Tod des Beschuldigten enden konnten, wie der Regierungsvizepräsident am 9. November 1942 berichtet: „Ein in Neumarkt eingesetzter Pole wurde wegen unsittlicher Handlungen an seiner Dienstherrin vom Sondergericht zum Tode verurteilt."[19]

Bestraft wurden auch deutsche Männer, die mit Polinnen Geschlechtsverkehr hatten. Die Todesstrafe drohte ihnen aber nicht. Der Regierungsvizepräsident meldete im Juli 1940 die Festnahme eines Landwirtssohnes aus dem Landkreis Regen und einer polnischen Zwangsarbeiterin, „weil sie wiederholt miteinander Geschlechtsverkehr gepflogen hatten."[20] Deutsche Männer waren in solchen Fällen grundsätzlich für drei Monate in ein Konzentrationslager einzuweisen. Den Polinnen drohte bis zu 21 Tage Schutzhaft oder die Einweisung in ein KZ.[21]

Die Gestapo-Stelle Regensburg mit Sitz am Minoritenweg 1 war in Niederbayern und der Oberpfalz für die „Sonderbehandlungen" verantwortlich. „Sonderbehandlung" bedeutete Hinrichtung ohne Prozess und ohne Urteil.[22] Die hier untersuchten Fälle wurden von Beamten der Gestapo Regensburg in dem Sachgebiet „Sonderbehandlung, Exekutionen" bearbeitet, das zumindest zeitweise ein Kriminalsekretär namens Georg Graf leitete. Ein Vorgesetzter bestätigte Graf, dem offenbar der Einsatz an der Front drohte, dass seine Aufgabe „vordringlich kriegswichtig" sei: „Mit unermüdlichem Fleiß und großem Geschick hat er sich in der Vorbereitung und Erledigung von Sonderbehandlungsfällen, die zu Exekutionen führten, besondere Verdienste erworben. Graf hat mehrmals nur anhand von wenigen Anhaltspunkten eine Reihe von Tätern überführt, die später auf Grund des Beweismaterials ebenfalls zur Exekution führten."[23] Wurden bei den örtlichen Polizeistationen Verstöße gegen das GV-Verbot bekannt, hatten sie die Landratsämter zu informieren und diese wiederum die Gestapo. Das Ergebnis ihrer Ermittlungen leitete die Gestapo an das RSHA in Berlin weiter, das dann endgültig entschied, was mit dem Beschuldigten geschehen sollte.

Es bestand auch die allerdings sehr selten realisierte Möglichkeit, den Beschuldigten „einzudeutschen". Voraussetzung dafür war, dass eine Untersuchung nach pseudowissenschaftlichen, „rassischen" Gesichtspunkten positiv ausfiel.[24] Zudem hatten sich die Kandidaten „charakterlich zu bewähren". Außerdem wurden auch noch ihre Familienangehörigen in Polen im Rahmen einer „Sippenüberprüfung" in Augenschein genommen. Entschieden wurde letztlich nach Gutdünken, willkürlich. Das letzte Wort hatte der Reichsführer der SS, Heinrich Himmler.[25]

Nach einer Auskunft des Generalstaatsanwaltes in Berlin vom Jahre 1971 wurden im Deutschen Reich hunderte ausländischer Männer wegen sexuellen Verkehrs mit deutschen Frauen hingerichtet.[26]

In der Dauerausstellung der KZ-Gedenkstätte Flossenbürg „Konzentrationslager Flossenbürg 1938-1945" finden sich Fotos von einer Hinrichtung. Es sind erschütternde Aufnahmen einer kaltblütig vollzogenen Exekution.[27]

Die Bilder wurden nicht zufällig in Flossenbürg gefunden. Durchgeführt wurden die Hinrichtungen in Niederbayern und der Oberpfalz nämlich von Exekutionskommandos aus den Konzentrationslagern Flossenbürg oder Dachau. Bei den Opfern handelt es sich ausnahmslos um Männer, die in ländlichen Gebieten eingesetzt waren. Die Hinrichtungen fanden gemäß den „Durchführungsbestimmungen für Exekutionen" stets außerhalb der Dörfer statt.[28] Die Umgebung wurde für die Öffentlichkeit abgesperrt. Die polnischen Zwangsarbeiter aus den umliegenden Ortschaften wurden zu dem Hinrichtungsort geführt und hatten sich zur Abschreckung den Toten anzusehen. Die Exekutionskommandos aus den Konzentrationslagern brachten meist einen mobilen Galgen mit. Hin und wieder wurden die Galgen auch vor Ort montiert. Die Leichen wurden vermutlich in den KZ verbrannt oder, wie in den „Durchführungsbestimmungen" angeordnet, in anatomische Abteilungen von Kliniken gebracht. Kurt Stelzner, Häftling und Blockältester im KZ Flossenbürg, erklärte: „Die Leiche haben wir nach Flossenbürg mitgenommen. Einmal haben wir eine solche Leiche auch zur Anatomie nach Erlangen gebracht."[29]

Kommandos aus Flossenbürg führten Hinrichtungen auch in Mittel- und Unterfranken durch. Den mobilen Galgen habe in Flossenbürg ein Zimmermann aus Hamburg gefertigt, erklärte ein ehemaliger KZ-Häftling.[30] In Flossenbürg waren für die Exekutionskommandos SS-Leute aus der Politischen Abteilung des KZ zuständig, wie SS-Unterscharführer Fritz Strehlau, der bei Hinrichtungen auch als Dolmetscher tätig war, oder SS-Untersturmführer Wilhelm Fassbender, ein Kriminalsekretär, der aus Köln nach Flossenbürg abgeordnet worden war und hier die Abteilung bis Oktober 1943 leitete. Bei seiner Vernehmung am 24. August 1953 erklärte Fassbender, drei- bis viermal selbst bei diesen Hinrichtungen anwesend gewesen zu sein.[31] Einige der Hingerichteten waren vor der Exekution als Häftlinge in das KZ Flossenbürg eingeliefert worden. Um Effizienz bemüht, erhängte das Exekutionskommando mehrfach gleich zwei Todeskandidaten an einem Tag. Das Hinrichtungskommando fuhr zum Beispiel am 3. September 1942 zuerst nach Schafberg bei Furth im Wald, um Stanislaw Arciszewski zu ermorden, und von dort anschließend nach Neuern (heute Nyrsko), um Jakub Janek hinzurichten. 1943 wurden diese Hinrichtungen in das KZ Flossenbürg verlegt. SS-Mann Fassbender erklärte dazu: „Etwa im Frühjahr 1943 wurden diese Kommandos unter dem Lagerkommandanten Kögl eingestellt, weil der Verwaltung des Lagers die Unkosten zu hoch waren."[32] Möglicherweise wurde die letzte Hinrichtung in Zwieselberg nicht mehr von einem solchen Kommando vollzogen, zumindest spricht ein Augenzeuge von „Zivilisten", die die Exekution durchgeführt hätten. Die Hinrichtungen in der Nähe des Arbeitsplatzes wurden im ganzen Reich reduziert. Nach der Niederlage in Stalingrad wollte der NS-Staat die Bevölkerung offenbar nicht weiter mit unpopulären Aktionen verunsichern.

Im Unterschied zur Gestapo Regensburg führte die Münchner Gestapo bis 1945 Hinrichtungen in der Nähe des Arbeitsplatzes durch. Auffällig ist, dass sie Zwangsarbeiter vor allem wegen krimineller Delikte wie „versuchter Totschlag" oder „Plünderungen nach Luftangriffen" hingerichtet hat.[33] Unter den Exekutionen finden sich hier nur wenige Fälle von „verbotenem Umgang". Offenbar agierten die Gestapo-Stellen sehr unterschiedlich.

Nach Kriegsende wurden die Täter der Gestapo Regensburg wegen dieser Hinrichtungen nicht verurteilt. Fritz Popp starb vor Abschluss der „gerichtlichen Voruntersuchung" am 17. März 1955. Die anderen Beschuldigten wurden am 29. April 1955 „außer Verfolgung gesetzt", wie schon zuvor der Chef der Gestapo München Oswald Schäfer und sein Stellvertreter Dr. Wilhelm Lebküchner. Das Schwurgericht beim Landgericht München 1 hatte Schäfer und Lebküchner am 30. September 1954 aus Mangel an Beweisen freigesprochen. Schäfer hatte nach Ansicht des Gerichts in mindestens zehn Fällen, Lebküchner in mindestens 20 an „Sonderbehandlungen" mitgewirkt. Diese Verbrechen seien als Morde zu werten. Mit Verweis auf ein entsprechendes Urteil des Bundesgerichtshofes vom 14. Oktober 1952 argumentierte das Gericht aber, dass die verantwortlichen Beamten des RSHA als Täter anzusehen seien und nicht die Angeklagten, die sich darauf beschränkt hätten, ihre Befehle auszuführen.

Wegen der „Sonderbehandlungen" wurden Schäfer und Lebküchner nicht verurteilt, wohl aber wegen der „Kurzbehandlungen", sprich: der Prügelstrafen, die innerhalb der

„staatspolizeilichen Maßnahmen" gegen Zwangsarbeiter vorgesehen waren. Die Prügelstrafen hätten sie nach ihrem eigenen Ermessen verhängt. Wegen Körperverletzung im Amt verurteilte das Landgericht München 1 deshalb am 29. Mai 1951 Schäfer zu zwei Jahren und Dr. Lebküchner zu zwei Jahren und sechs Monaten Gefängnis.[34]

Auch die an den Hinrichtungen beteiligten SS-Leute des KZ Flossenbürg Wilhelm Fassbender und Dr. Alfred Schnabel wurden wegen dieser Morde nicht verurteilt, wie beim Fall Michal Kycia dargestellt. Der Kreisleiter der NSDAP in Cham, Xaver Schlemmer, soll einem Aktenvermerk zufolge nach Polen ausgeliefert worden und dort 1952 gestorben sein. Ein Polizist aus Niederbayern wurde in Warschau, unter anderem wegen seiner Beteiligung an den Hinrichtungen, zu sechs Jahren Haft verurteilt. Aus der Reihe der Denunzianten wurde nur eine Frau belangt.

Die Hinrichtungen sind ungesühnte staatliche Morde und verdrängte Verbrechen. Mancherorts haben Heimatpfleger, Journalisten oder engagierte Bürger diese Morde dem Vergessen entrissen. Doch meist umgibt sie eine Mauer des Schweigens. Insbesondere in den betroffenen Familien hinterließen diese Ereignisse Traumata. Verdrängt ist meist auch das Leid der Frauen, die wegen ihres Verhaltens stigmatisiert und häufig mit KZ-Haft bestraft wurden.

Es war mir möglich, mit Kindern aus solchen Liebesbeziehungen Kontakte aufzubauen. Wenige sind bereit, zu sprechen. Es gibt Nachkommen aus solchen Beziehungen, die ihren eigenen Kindern nicht erzählten, welches Drama sich in den Familien ereignet hatte.

Die Wunden sind auch in den polnischen Familien nicht verheilt. Es gelang jedoch, mit Angehörigen ins Gespräch zu kommen. Einige stellten Fotos für diese Publikation zur Verfügung, damit das Schicksal dieser Männer nicht vergessen wird.

Anmerkungen:

1) Thomas Muggenthaler, „Wir haben viel bezahlt für unsere Liebe" in: ders., „Ich lege mich hin und sterbe!" – Ehemalige Häftlinge des KZ Flossenbürg berichten, Stamsried 2005, S. 19-27.

2) Rolf Hochhuth, Eine Liebe in Deutschland, Reinbek 1978.

3) Thomas Muggenthaler, Cham in der NS-Zeit, unveröffentlichte Magisterarbeit, Universität Regensburg 1985.

4) Staatsarchiv Amberg (StA Am), Staatsanwaltschaft Regensburg 147.

5) Fritz Popp, geboren am 30. Juni 1882 in Nürnberg, von April 1933 bis kurz vor Kriegsende Polizeidirektor in Regensburg, Leiter des Staatspolizeistelle Regensburg. Popp wurde im März 1945 als Gestapochef abgesetzt, weil er als „zu weich" galt. Vgl. Gerhard Paul, „Diese Erschießungen haben mich innerlich gar nicht mehr berührt." Die Kriegsendphasenverbrechen der Gestapo 1944/45, in: Gerhard Paul/Klaus-Michael Mallmann (Hrsg.), Die Gestapo im Zweiten Weltkrieg. „Heimatfront" und besetztes Europa, Darmstadt 2000, S. 561. Zur Gestapo Regensburg liegt bislang noch keine wissenschaftliche Publikation vor.

6) Luitpold Kuhn, geboren am 28. Dezember 1900 in Günzburg, kämpfte im Freikorps Epp gegen die Räterepublik, ab 1923 im Polizeidienst, ab 1939 bei der Staatspolizeistelle Regensburg. 1942 wurde Kuhn nach Norwegen versetzt, ab Anfang 1944 wieder bei der Gestapo Regensburg tätig. Vgl. hierzu: StA Am, Staatsanwaltschaft Regensburg 147.

7) Sebastian Ranner, geboren am 18. Juni 1905 in München, gelernter Buchbinder, ab 1924 im Polizeidienst, kam 1940 aus München zur Staatspolizeistelle Regensburg, 1941 zur Sicherheitspolizei nach Luxemburg versetzt, ab dem 1. März 1942 wieder bei der Gestapo Regensburg. Vgl. hierzu: StA Am, Staatsanwaltschaft Regensburg 147. Ranner war Anfang der 60er Jahre Mitarbeiter des Bundesnachrichtendienstes (BND). Siehe: Onlinearchiv der Frankfurter Allgemeinen Zeitung, www.faz.net, „Ein besonderer Personenkreis" vom 17. März 2010.

8) Thomas Muggenthaler, Verbrechen Liebe – von polnischen Männern und deutschen Frauen im Dritten Reich, Radiofeature, Bayern 2, 11. November 2003.

9) Vgl. Ulrich Herbert, Fremdarbeiter, Politik und Praxis des „Ausländer-Einsatzes" in der Kriegswirtschaft des Dritten Reiches, Bonn 1999,

S. 76-82.

10) StA Am, Regierungspräsidentenberichte Niederbayern/Oberpfalz, Kleinbildfilme 7/8.

11) Vgl. Thomas Muggenthaler, „Wir hatten keine Jugend" – Zwangsarbeiter erinnern sich an ihre Zeit in Bayern, Viechtach 2003, S. 15 ff.

12) Vgl.Ulrich Herbert, Fremdarbeiter, a.a.O., S.178 ff.

13) Vgl. ebd., S. 76-82.

14) Vgl. StA Am, Staatsanwaltschaft Regensburg 147, Blatt 755.

15) StA Am, Regierungspräsidentenberichte, a.a.O., April 1941.

16) Ebd., Mai 1941.

17) Vgl. Ulrich Herbert, Fremdarbeiter, a.a.O., S. 89.

18) Vgl. Gerhard Wysocki, Lizenz zum Töten. Die „Sonderbehandlungs"-Praxis der Stapo-Stelle Braunschweig, in: Gerhard Paul/Klaus-Michael Mallmann (Hrsg.), Die Gestapo im Zweiten Weltkrieg, a.a.O., S.241.

19) StA Am, Regierungspräsidentenberichte, a.a.O., Nov. 1942.

20) StA Am, Regierungspräsidentenberichte, a.a.O., Juli 1940.

21) Vgl. Ulrich Herbert, Fremdarbeiter, a.a.O., S. 148.

22) Vgl. Gerhard Wysocki, Lizenz zum Töten, a.a.O., S. 237.

23) StA Am, Staatsanwaltschaft Regensburg 147, Blatt 1108.

24) Zum Thema „Sonderbehandlung" und „Eindeutschung" auch: Matthias Hamann, Erwünscht und unerwünscht, in: Beiträge zur nationalsozialistischen Gesundheits- und Sozialpolitik, Band 3, Herrenmensch und Arbeitsvölker, ausländische Arbeiter und Deutsche 1939-1945, Berlin 1986, S. 143 ff.

25) Vgl. Ulrich Herbert, in: Thomas Muggenthaler, Verbrechen Liebe, Radiofeature, a.a.O.

26) Vgl. Ulrich Herbert, Fremdarbeiter, a.a.O., S.148.

27) Vgl. KZ-Gedenkstätte Flossenbürg/Stiftung Bayerische Gedenkstätten (Hrsg.), Konzentrationslager Flossenbürg1938-1945. Katalog zur ständigen Ausstellung, Flossenbürg 2008, S. 166/167.

28) Die „Durchführungsbestimmungen für Exekutionen" erließ Heinrich Himmler als Reichsführer der SS und Chef der Deutschen Polizei am 6. Januar 1943. Sie enthielten etwa ein Fotografierverbot oder die Anweisung, dass „Schutzhäftlinge" die Erhängung zu vollziehen haben und dafür drei Zigaretten bekommen sollten.

Vgl. StA Am, Staatsanwaltschaft Regensburg 147, Blatt 199 ff. Wie die in diesem Buch dargestellten Fälle belegen, entsprach das Vorgehen der Gestapo bereits vor diesem Erlass weitgehend den darin genannten Bestimmungen.

29) StA Am, Staatsanwaltschaft Weiden 81/3.

30) Vgl. ebd., 81/2.

31) Zu Fassbender siehe auch: Johannes Tuchel, Registrierung, Misshandlung und Exekution – Die „politischen Abteilungen" in den Konzentrationslagern, in: Gerhard Paul/Klaus-Michael Mallmann (Hrsg.), Die Gestapo im Zweiten Weltkrieg, a.a.O., S. 130.

32) StA Am, Staatsanwaltschaft Regensburg 147, Blatt 354.

33) Vgl. StA München, Generalstaatsanwaltschaft OLG München 369.

34) Vgl. StA München, Staatsanwaltschaften 17439/10.

I.

Hinrichtung in der Nähe des Arbeitsplatzes

Der Tod des Julian Majka

Julian Majka, hingerichtet am 18. April 1941 in Michels-neukirchen, Landkreis Cham

„Das war ein Schock für alle, das war nicht richtig", sagt Franziska Blomberger. Sie war 16 Jahre alt, als Julian Majka starb. Die junge Frau hatte am späten Vormittag auf einer Wiese Heu geerntet, als ein polnischer Zwangsarbeiter von der Hinrichtung seines Landsmannes zurückkehrte. „Der ist mit gesenktem Kopf vorbeigegangen. Der hat nicht nach links und nicht nach rechts geschaut." Auch ihr Mann Josef Blomberger kann sich noch gut erinnern: „Die Polen haben geweint, die waren völlig deprimiert, fassungslos."

Michelsneukirchen ist ein Dorf mit einem schönen Blick in den Bayerischen Wald. Dominant steht die barocke Kirche mit ihrem Zwiebelturm in der Ortsmitte, daneben ein gut gepfleg-tes Kriegerdenkmal. An Julian Majka erinnert hier nichts.

Im Bericht des Regierungspräsidenten, der damals jeden Monat über die politische Lage in Niederbayern und der Oberpfalz abzugeben war, nimmt der Vorfall außergewöhnlich viel Platz ein. Als Verfasser firmierte Vizepräsident Hermann Edler von Gäßler, der kommissarisch die Behörde leitete. „Am 18. April 1941 wurde ein polnischer Zivilarbeiter bei Michelsneukirchen im Auftrag des Reichssicherheitshaupt-amtes mittels des Stranges exekutiert, weil er mit einem deutschen Mädchen geschlechtlich verkehrt hatte. Nach der Exekution wurden 137 polnische Arbeiter und Arbeiterinnen zum Richtplatz geführt und nach Verlesung des in polnischer Sprache abgefassten Erlasses des Reichsführers SS wieder zu ihrer Arbeit entlassen. Die Art des Vollzugs der Todesstrafe wird weit über den Landkreis hinaus immer noch lebhaft und unwillig erörtert."

Julian Majka, 1940 in Michelsneukirchen

Anfang der 50er Jahre rollte die Staatsanwaltschaft Regensburg die Hinrichtungen von Polen in Niederbayern und der Oberpfalz in einem Verfahren gegen die führenden Beamten der Gestapo-Leitstelle Regensburg auf. Ermittelt wurde gegen Fritz Popp, Sebastian Ranner und Luitpold Kuhn „wegen Beihilfe zum Mord". Die Nachkriegsjustiz ließ von der Polizei alle Beteiligten vernehmen, sofern sie ihrer noch habhaft wurde.

Was war in Michelsneukirchen passiert? Nach dem Überfall Deutschlands auf Polen am 1. September 1939 kam
Julian Majka als einer von vielen Kriegsgefangenen nach
Deutschland. Die Männer sollten den Arbeitskräftemangel
in der Landwirtschaft lindern. In Michelsneukirchen, das
damals im Landkreis Roding lag, war Julian Majka zunächst
in einem Gefangenenlager untergebracht. Ab dem Frühjahr
1940 stand er bei einem Gastwirt im Dienst, der auch eine
Landwirtschaft führte. Jetzt war der Pole, den die Leute Ju-
lius nannten, auch bei seinem Dienstherrn einquartiert. Der
inzwischen verstorbene Sohn des Wirts hatte ihn als „fleißigen Knecht" und „tüchtigen Menschen" in Erinnerung.
Julian Majka wurde am 5. Januar 1913 in Libiaz Maly, einem
kleinen Ort zwischen Kattowitz und Krakau, geboren. In
seiner Todesanzeige wird er als verwitwet geführt, seine Frau
Irena war bereits verstorben. In Michelsneukirchen hat er
sich offenbar neu verliebt, in eine junge Frau aus dem Dorf,
die ebenfalls bei dem Wirt beschäftigt war. Die Liaison blieb
offenbar nicht unbemerkt. Das Amtsgericht Roding, vor dem
sich die junge Frau später zu verantworten hatte, berichtete
in seiner Urteilsbegründung von dieser Liebesgeschichte:
„Der Pole war bei jeder Gelegenheit bei ihr. Er half ihr beim
Holzholen und versuchte stets ihr nahe zu kommen. Aber
auch das Mädchen war bestrebt, ein Zusammentreffen mit
dem Kriegsgefangenen herbeizuführen. So trieb sie sich
eines Abends im Frühjahr 1940 vor dem Gefangenenlager
herum, als sich eben der Pole Majka dorthin begeben wollte.
Die beiden kamen ins Gespräch. Der Pole küsste das Mädchen, das sich die Zärtlichkeiten ruhig gefallen ließ."
Doch dann wurde die 17-Jährige schwanger und die Ereignisse überschlugen sich. In den Akten ist von „Heiratsabsich-
ten" die Rede. Doch das Paar geriet in das Räderwerk eines
rassistischen Systems, in dem solche Liebesbeziehungen wie
Kapitalverbrechen geahndet wurden. Der Vater der jungen
Frau und der Ortsgruppenleiter der NSDAP wandten sich an

Kreisleiter Norbert Breu. Der Kreisleiter von Roding will alles versucht haben, um die Hinrichtung zu verhindern. Er fuhr mit der jungen Frau und ihrem Vater nach Regensburg. Die Staatsanwaltschaft verwies ihn an die Gestapo, wie er 1954 aussagte: „Ich fuhr dann mit Vater und Tochter zur Polizeidirektion. Ein Herr der Gestapo nahm den Sachverhalt auf und sagte, er müsse das Mädchen eigentlich gleich da behalten, aber mit Rücksicht auf deren hochschwangeren Zustand konnte ich sie mit nach Hause nehmen. Auf der Heimfahrt kam uns auf dem Weg von Falkenstein nach Michelsneukirchen bereits ein Polizeibeamter mit dem Polen Majka entgegen." Die Gestapo hatte umgehend die Polizei in Falkenstein angerufen und den Polen verhaften lassen, notierte Gestapo-Abteilungsleiter Sebastian Ranner am 6. November 1940. Ungefähr ein halbes Jahr später erhielt der Kreisleiter in Roding Besuch von Luitpold Kuhn. Der Gestapo-Mann erklärte, dass in Michelsneukirchen ein Galgen errichtet werden müsse, um Julian Majka zu hängen. Der Kreisleiter will am nächsten Tag zur Gauleitung der NSDAP nach Bayreuth gefahren sein, um dies zu verhindern. Nach einem Telefonat mit dem Regensburger Gestapo-Chef Fritz Popp sei versucht worden, die „Eindeutschung" des Polen zu beantragen. Popp habe eine Chance gesehen, da Majka ein „rein germanischer Typ" sei.

Einige Zeit später kam Kuhn erneut nach Roding – mit der Nachricht, dass der Antrag abgelehnt worden sei, weil der Pole bereits verheiratet gewesen sei und ein Kind habe. „Wie ein Blitz aus heiterem Himmel" kam die Hinrichtung, erinnerte sich ein Mitarbeiter des Landratsamtes Roding. Ein Mitarbeiter der Gestapo berichtete, die weiblichen Angestellten hätten gesagt, jetzt werde „der schöne Julian Majka aufgehängt".

Der Pole wurde nach seiner Festnahme in Regensburg inhaftiert. Gut fünf Monate später brachte ihn die Gestapo wieder nach Michelsneukirchen – zu seiner Hinrichtung. Vollzogen wurde die Exekution laut einem Polizeibericht vom 30. Juli 1953 von einem Exekutionskommando des Konzentrationslagers Flossenbürg. Mit dabei waren „der Scharfrichter Reichhart und ein SS-Arzt Dr. Meister". Offenbar bemühte die Gestapo bei dieser Hinrichtung den bekannten Scharfrichter Johann Reichhart, der später auch die Geschwister Scholl und nach dem Krieg Nazigrößen hinrichtete.

Julian Majka starb am 18. April 1941 um 10.13 Uhr, wie in der Sterbeurkunde vermerkt ist. Er war 28 Jahre alt.

Der Kreisleiter von Roding kam nicht zur Hinrichtung, sondern ließ sich von seinem Chamer Kollegen Xaver Schlemmer vertreten. Der Beamte, der als Vertreter des Landratsamtes Roding vor Ort war, beschrieb die grausame Prozedur:

„Dann wurde der Delinquent an den Galgen geführt und zwar von zwei in Sträflingskleidung befindlichen Personen. Einer der Angehörigen der Gestapo eröffnete dem Delinquenten den Grund seiner Hinrichtung und fragte ihn anschließend, ob er noch einen letzten Wunsch habe, wie eine Zigarette oder dergleichen. Der Befragte antwortete mit gefasster und energischer Stimme mit ‚Nein' […]. Auf das ‚Nein' des Delinquenten hin, musste dieser sich auf eine Kiste stellen. Die Schlinge am Galgen war so angebracht, dass sie dem Todeskandidaten ohne weiteres um den Hals gelegt werden konnte. Die beiden Sträflinge zogen dann die Kiste unter dem Delinquenten weg, worauf sich die Schlinge um dessen Hals zuzog. Ein mir unbekannter Mann ging daraufhin von hinten an den Erhängten heran und zog diesen an den Schultern nach abwärts, vermutlich um dadurch den Tod schneller herbeizuführen. Die Gesichtsfarbe des Hingerichteten erblasste allmählich und sein Kopf neigte sich langsam nach rechts. Sodann trat ein Arzt auf den Erhängten zu, fühlte dessen Puls und stellte einwandfrei den Tod fest. Ich glaube, dass es sich um einen Arzt handelte, der mit dem Hinrichtungskommando gekommen ist. Die versammelten Polen wurden dann an dem Toten vorbeigeführt. Die Fremdarbeiter und -arbeiterinnen stießen beim Anblick des Gehängten jämmerliches Wehgeschrei aus." (Aussage vom 7.8.1954)

Ein Augenzeuge lebt noch in Michelsneukirchen, es ist Hans Gürster. Er hatte bereits gesehen, wie Männer vom Dorf am Tag vor der Hinrichtung „in dem Hölzl am Irlberg", südwestlich des Ortes, einen Galgen errichteten. Tags darauf brachte ein Auto den Todeskandidaten. Weil man damals nicht zu dem Wäldchen fahren konnte, wurde Julian Majka zu Fuß zur Exekution geführt. Hans Gürster verfolgte als 15-Jähriger vom Hausdach seiner Familie aus, was sich etwa 400 Meter entfernt abgespielt hat. „Das Dach war voller Leute." Ein Fernglas ging von Hand zu Hand. Den Tatort kann der 85-Jährige heute nicht mehr lokalisieren. Zu sehr hat sich am Irlberg alles verändert. Eine pensionierte Lehrerin, die bei dem Ortstermin vorbeikommt, wollte einst in der Schule die Tragödie thematisieren, ist aber an einer Mauer des Schweigens gescheitert. „Wissen Sie, ich stamme nicht aus dem Ort, und dann ist es ganz schwer", sagt sie.

Nach mehreren Anläufen ist der Hinrichtungsort doch zu finden. Die beiden Bäume, die für den Galgen benutzt wurden, sind markiert. Am Fuße einer Föhre liegt ein steinernes Friedhofskreuz. In eine Birke gegenüber sind zwei Kreuze geritzt. Es stellt sich heraus, dass es Fotos des Polen und eine Nachkriegsaufnahme des Tatortes gibt. Ganz vergessen ist der Tod von Julian Majka in Michelsneukirchen also nicht.

Die junge Frau brachte am 12. Februar 1941 einen Sohn zur Welt. Zwei Monate nach der Geburt hatte sie sich in Roding vor dem Jugendgericht zu verantworten. Das war am 4. April 1941, zwei Wochen, bevor Julian Majka erhängt wurde. Das Gericht warf ihr vor, „das gesunde Volksempfinden gröblich verletzt" zu haben und verurteilte sie „wegen verbotenen Umgangs mit Kriegsgefangenen" zu zehn Monaten Haft. Die Strafe verbüßte sie bis zum letzten Tag. Vom 10. Juli 1941 bis zum 10. Mai 1942 war sie im Frauenjugendgefängnis Vechta inhaftiert. Wo war sie, als Julian Majka starb? Zu Hause in Michelsneukirchen? Bekam sie mit, was sich am Irlberg abspielte?

Dem Sohn von Julian Majka wurden die genauen Umstände des Dramas nie erzählt. Er ist bei seinen Großeltern aufgewachsen und lebt schon lange nicht mehr hier in der Oberpfalz. An Allerheiligen 2003 hörte er auf der Fahrt zum Grab seiner Mutter die Rundfunksendung „Verbrechen Liebe", in der die Geschichte seiner Eltern erzählt wurde. Er fragte in der Familie nach. „Doch keiner wollte etwas sagen." Seit einigen Jahren besitzt er immerhin ein Foto seines Vaters. Das hat ihm ein Onkel nach dem Tod seiner Mutter gegeben. „Sie wollte, dass ich es bekomme", sagt er. Dieser Onkel hat ihm auch erzählt, dass Julian Majka seine Mutter nach Polen mitnehmen wollte. „Wenn ich das so sagen kann", sagt der Mann, „das war schon Liebe!"

Das Polenhölzl

Jozef Berdzinski, hingerichtet am 6. August 1941 in Wolfsdorf, Stadt Landau an der Isar

„Strangulatus est in silva prope ecclesiam St. Albani" – „Er-hängt in einem Wald in der Nähe der Kirche St. Alban" – steht im Sterberegister des katholischen Pfarramtes von Wolfsdorf. Gemeint ist Jozef Berdzinski, der am 6. August 1941 am Rande des Herrnholzes bei Landau an der Isar exekutiert wurde. Sein Verbrechen: eine Liebesbeziehung mit einer deutschen Magd. „Der ist aufgehängt worden, weil er mit einer Stalldirn was gehabt hat", erklärt der 80-jährige Leonhard Moser aus dem nahen Möding kurz und bündig. Anders als in Michelsneukirchen stoßen hier die Recherchen nicht auf Skepsis. Vermutlich, weil die Frau nicht aus dem Ort stammte und heute niemand mehr hier lebt, dessen Familie in den Fall involviert war.

Jozef Berdzinski, geboren am 3. Januar 1919, arbeitete bei einem Bauern in Wolfsdorf bei Landau an der Isar. Auf diesem Hof war etwa von Juli bis Ende September 1940 auch die 17-jährige Österreicherin Rosina Bichler beschäftigt. Der dunkelhaarige Pole und die blonde Frau gefielen sich offenbar. Beide wechselten aber bald ihren Arbeitsplatz. Rosina Bichler arbeitete ab Oktober 1940 bei einem Gastwirt in der Stadt Landau an der Isar und war für damalige Verhältnisse weit weg. Jozef Berdzinski kam zu einem anderen Landwirt in Wolfsdorf.

Doch ihre Affäre holte sie ein. Das Paar wurde angezeigt, von wem ist nicht eindeutig zu sagen. Möglicherweise wurde ihre Beziehung durch die Aussage einer polnischen Zwangsarbeiterin bekannt, die an ihrem alten Arbeitsplatz mit Rosina Bichler in einer Kammer geschlafen und wohl mitbekommen hatte, dass Jozef Berdzinski einmal bei ihr war. Mit dieser Polin hatte Rosina Bichler später eine andere Auseinandersetzung, und so könnte die Polizei von ihrer Beziehung mit Jozef Berdzinski erfahren haben, meinte die Österreicherin in ihrer Aussage von 1954.

Der Pole und die Österreicherin wurden verhaftet. Die ersten Ermittlungen brachten „keinen direkten Nachweis". Es war „weder ein Geständnis noch ein einwandfreies Beweismittel vorhanden", gab der ehemalige Leiter der Polizei von Landau 1953 zu Protokoll. Da eine Anzeige vorlag, habe er den Fall aber an die vorgesetzten Dienststellen weiterleiten müssen. Die Gestapo schaltete sich ein – und kam zu Ergebnissen. Rosina Bichler gestand 1940 bei ihrem Verhör in Regensburg. Nur einmal sei der Pole in ihre Kammer gekommen, sagte sie dann 1954 aus, zu einem Zeitpunkt, an dem sie auch eine längere Liebesbeziehung offen zugeben hätte können. Hat wirklich eine einzige Liebesnacht den Polen das Leben gekostet und Rosina Bichler ins Konzentrationslager gebracht?

Jozef Berdzinski wurde Anfang Dezember 1940 verhaftet und war in Landau, Landshut und Regensburg inhaftiert. Im Frühjahr 1941 fuhren zwei Autos mit SS-Kennzeichen vor, erklärte der damalige Bürgermeister von Frammering in seiner Vernehmung am 17. April 1953. Es waren Mitarbeiter der Gestapo Regensburg, die einen Platz für die Hinrichtung suchten. „Ursprünglich wollten die Herren den Polen inmitten der Ortschaft Wolfsdorf aufhängen. Dagegen habe ich aber entschieden Einspruch eingelegt. Es wurde dann im nahen Wald eine bestimmte Stelle ausgemacht." Dieser Wald war das Herrnholz, südöstlich von Landau. Einige Monate habe er nichts mehr gehört, erinnerte sich der ehemalige Bürgermeister. Da sei im Hochsommer während der Weizenernte von der Gestapo die schriftliche Mitteilung gekommen, dass Berdzinski aufgehängt werde und sich alle Polen aus dem Landkreis in Wolfsdorf einzufinden hätten.

Der Bürgermeister wollte die Hinrichtung offenbar noch verhindern. Das sagte zumindest eine Frau, die damals bei ihm als Magd beschäftigt war, in dessen Spruchkammerverhandlung aus. Der Bürgermeister sei eines Tages in einem Polizeiauto auf den Hof gekommen, gab sie zu Protokoll. „Seine Frau weinte und fragte, ob der Pole wirklich aufgehängt werden soll." Er habe geantwortet: „Ich habe alles versucht, aber es ist nichts zu machen."

Die Hinrichtung wurde auf den 6. August 1941 festgelegt. Jozef Berdzinski starb mittags kurz nach 12 Uhr. Die Journalistin Hildegard Ausserbauer-Seibl hat das Drama 1994 im „Straubinger Tagblatt" mit örtlichen Zeitzeugen nachgezeichnet. Sie kommt aus der Gegend und kennt die Geschichte aus der familiären Überlieferung. „Der Sepp war ein sauberer Bursch", sagte ein Zeitzeuge der Journalistin und meinte Jozef Berdzinski. Ihr Großvater, der im nahen Thalham eine Landwirtschaft betrieb, war der erste Dienstherr des Polen in Deutschland. Die Hinrichtung habe er unter Tränen vom nahen Weizenfeld aus verfolgt, erzählt die Journalistin. Zeitzeugen berichteten ihr, dass Berdzinski den letzten Kilometer zu Fuß gehen musste, während hinter ihm der Wagen fuhr, der seinen Sarg geladen hatte. Die Exekution wurde von einem Hinrichtungskommando vollzogen, das vermutlich aus dem KZ Dachau kam. Zumindest will das der damalige Bürgermeister von Frammering gehört haben. Leonhard Moser kann sich noch erinnern. „Wir haben uns da aber nicht rauf getraut", sagt er, „was meinen Sie, wenn die SS da ist!"

Rosina Bichler war am 27. November 1940 verhaftet worden. „Meine Festnahme hat sich in der Form abgespielt, dass im Gasthaus meines Dienstgebers angerufen wurde, ich möge sogleich zum Amtsgericht kommen. Meine Dienstgeberin begleitete mich zum Amtsgericht Landau an der Isar. Dort kam ich sofort ohne Vernehmung in den Arrest. Nach drei oder vier Tagen wurde ich in das Gefängnis in Regensburg,

Augustenstraße 4, überstellt." Ohne Gerichtsverhandlung wurde sie etwa einen Monat nach ihrer Verhaftung, am 10. November 1941, in das Frauen-Konzentrationslager Ravensbrück überstellt. Nach drei Jahren schickte die SS sie am 11. Dezember 1944 nach Dresden in ein Außenlager, das unter der Verwaltung des KZ Flossenbürg stand. Rosina Bichler wurde als politischer Häftling mit der Nummer 65288 geführt und in der Rüstungsproduktion eingesetzt. Schlafen und arbeiten mussten die Frauen in dem Gebäude der Universellen Maschinenfabrik J.G. Müller & Co., in dem vorher Zigarettenmaschinen hergestellt worden waren. In Dresden erlebte Rosina Bichler schließlich auch den großen Bombenangriff auf die Stadt mit. „Nachts zum 13. Februar 1945 erfolgte ein Großangriff auf das gesamte Stadtgebiet, worauf sich eigentlich alles aufgelöst hat." Rosina Bichler wurde entlassen und war wieder frei. „Ich erhielt vom Ortsgruppenleiter von Liebstadt bei Dresden geeignete Zivilkleidung und einen Personalausweis auf meinen Namen sowie einen entsprechenden Geldbetrag, worauf ich in meine Heimat gefahren bin."

In eine Fichte am Tatort war einst ein großes Kreuz eingeritzt, aber der Baum steht nicht mehr. Vergessen ist der Tod des Polen aber nicht. Das Waldstück bei Landau an der Isar, in dem Jozef Berdzinski sterben musste, wird seither das „Polenhölzl" genannt.

Ein Grab gibt es nicht

Wladyslaw Jarek, hingerichtet am 15. August 1941 in Eschlbach, Landkreis Straubing-Bogen

In Polen lebt Antoni Jarek, dessen Vater Wladyslaw in Eschlbach, Gemeinde Leiblfing, hingerichtet wurde. Er ist überrascht von dem Anruf aus Deutschland und wirkt hin- und hergerissen. Es habe keinen Sinn, die alte Geschichte wieder aufzurollen, meint er. Dann fragt er doch nach. Antoni Jarek kam bereits zur Welt, bevor sein Vater in Deutschland arbeiten musste. Er weiß, dass sein Vater wegen einer Liebesbeziehung mit einer Deutschen hingerichtet wurde, dachte jedoch, die Frau habe von seinem Vater ein Kind bekommen. Jetzt erfährt er, dass das nicht stimmt, und ist neugierig geworden.

Die Recherchen zu diesem Fall haben auch das Interesse von Irmgard Pöschl geweckt. Sie ist die Tochter von Karolina Geier, die wegen ihrer Liebesbeziehung mit Wladyslaw Jarek in das KZ Ravensbrück verschleppt wurde. Irmgard Pöschl will endlich wissen, was damals geschehen ist. Ihre Mutter habe ihr Leben lang mit der Tragödie gekämpft, sagt sie. „Wir Kinder sind nie an sie herangekommen, man durfte sie dazu nicht fragen."

Irmgard Pöschl fährt mit zum Tatort, einem Waldstück zwischen Eschlbach und dem Weiler Eschlspitz. „Da bin ich früher nie reingegangen", sagt sie.

Wladyslaw Jarek, geboren am 27. Juni 1909 in Olpiny, im Kreis Jaslo östlich von Krakau, kam 1940 auf einen Hof in Eschlbach und lernte hier die älteste Tochter des Bauern kennen. „Im Laufe der Zeit entwickelte sich zwischen uns ein Liebesverhältnis", sagte die Frau am 8. Juni 1954 bei ihrer Vernehmung. „Die erste Zeit war ich damit einverstanden, ich habe jedoch später Angst bekommen und es meinem Vater erzählt. Mein Vater versuchte nun den Polen auf einen anderen Dienstplatz zu bringen. So ist die Sache aufgekommen."

Am 15. Januar 1941 nahm die Polizei den polnischen Zwangsarbeiter fest. Auch die junge Frau wurde verhört: „Einige Tage vor meiner Vernehmung war Jarek bereits festgenommen und nach Regensburg gebracht worden. Bei meiner Vernehmung habe ich zunächst geleugnet. Nachdem mir erklärt wurde, dass es keinen Wert mehr habe, Jarek habe die Beziehung bereits zugegeben, habe ich auch ein Geständnis abgelegt." Gestapo-Beamte brachten sie in das Gefängnis in Regensburg. „In Regensburg war ich einige

Wladyslaw Jarek, Foto aus dem Arbeitsausweis

Tage inhaftiert, da wurde mir Jarek gegenübergestellt. Bei dieser Gegenüberstellung habe ich festgestellt, dass Jarek die Beziehung noch nicht zugegeben hatte. Auch bei der Gegenüberstellung leugnete er. Jarek wurde nun von einem Gestapo-Beamten mit der Faust schwer geschlagen, sodass er die Sache ebenfalls zugab."

Jarek wurde offenbar zur Last gelegt, dass er auch mit der 17-jährigen Schwester von Karolina Geier eine Liebesbeziehung aufnehmen wollte, wie im Bericht des Regierungspräsidenten vom 7. September 1941 zu lesen ist. Die junge Frau war noch in Regensburg in Haft, als Wladyslaw Jarek am 15. August 1941, genau sieben Monate nach seiner Verhaftung, in dem Wald hinter Eschlbach hingerichtet wurde. Er war 33 Jahre alt, als er starb. Der Polizist, der die Ermittlungen geführt hatte, war auch bei der Exekution dabei. Seiner Aussage nach vollzog ein Exekutionskommando aus dem KZ Dachau die Hinrichtung. Die Todesanzeige unterschrieb Johann Möger von der Gestapo Regensburg. Als Todesursache wurde, wie stets in diesen Fällen, „Genickbruch" eingetragen, und auch die Uhrzeit ist genau festgehalten: 11.40 Uhr. Im Bericht des Regierungspräsidenten heißt es noch: „119 im Umkreis beschäftigte Polen wurden an der Leiche vorbeigeführt."

Antoni Jarek kann sich nicht an seinen Vater erinnern. Er wurde 1939 geboren, einen Brief seines Vaters vom 3. Dezember 1940 aber hat er noch. Wladyslaw Jarek schrieb an seine Frau Julia, dass er wohl an Weihnachten nicht kommen werde, weil es der Bauer nicht erlaube. „Ich beende diesen Brief und sende Dir und meinem Sohn die besten Wünsche. Gesundheit, viel Glück und Frohe Weihnachten, weil ich glaube, dass wir uns zu Weihnachten nicht sehen werden!" Wladyslaw Jarek kam nicht mehr nach Hause.

Karolina Geier, die Mutter von Irmgard Pöschl, kam nach sieben Monaten Haft in Regensburg am 13. Oktober 1941 „auf Transport" in das KZ Ravensbrück. Nach einem Gna-

Karolina Geier,
20-jährig

dengesuch ihres Vaters wurde sie im Juli 1943 aus dem KZ
entlassen. Sie heiratete 1947 und bekam acht Kinder. Die
dramatischen Ereignisse von damals haben sie ihr Leben lang
so schwer belastet, dass sie immer wieder ärztliche Hilfe in
Anspruch nehmen musste. Karolina Geier ist inzwischen
verstorben.

Bei Antoni Jarek hält ein Foto seines Vaters die Erinnerung
wach. Nachdem er jetzt die ganze Geschichte kennt, bittet
er auch um ein Bild der deutschen Frau. Interessiert ist auch
Alfred Jarek, der Cousin von Antoni. Alfred Jarek will wissen, wo das Grab seines Onkels ist, denn er würde es gerne
einmal besuchen. Doch ein Grab gibt es nicht.

Der Tod eines Liebespaares

Jan Gorka, hingerichtet am 30. September 1941 in Bruck, Landkreis Regen
Paula Blindzellner, gestorben am 19. Oktober 1942 im KZ Auschwitz

Sie wolle Jan Gorka heiraten, erklärte Paula Blindzellner bei ihrer polizeilichen Vernehmung im Herbst 1940. Die Frau stand zu ihrem Freund: „Die Dienstmagd gab ohne weiteres zu, mehrmals mit dem Gehenkten Geschlechtsverkehr ausgeübt zu haben und gab weiter an, dass beide im Sinne hatten, sich nach dem Kriegsende zu verehelichen", gab der Polizist, der damals die Ermittlungen geleitet hatte, am 9. September 1953 zu Protokoll. Jan Gorka wurde in Bruck bei Kirchdorf im Wald im Landkreis Regen erhängt. Paula Blindzellner starb in Auschwitz.

Jan Gorka, geboren am 5. Mai 1916 in Mala Poreba in der Nähe von Nowy Sacz im Südosten Polens, kam als landwirtschaftlicher Arbeiter auf den Bauernhof, auf dem auch Paula Blindzellner als Magd beschäftigt war. Die beiden verliebten sich. Doch das Glück währte nicht lange. Nach der Ernte wurden die beiden im Oktober 1940 verhaftet. Die Bäuerin hatte Anzeige erstattet. Die Denunziantin wurde am 5. Dezember 1947 im üblichen Entnazifizierungsverfahren von der Spruchkammer des Landkreises Regen zu zwei Jahren Arbeitsdienst verurteilt, die sie im Arbeits- und Internierungslager Augsburg-Göggingen verbüßte. Zudem hatte sie eine Geldbuße von 20.000 Reichsmark zu begleichen.

Jan Gorka wurde in Deggendorf, Straubing und Regensburg inhaftiert. Die Gestapo brachte ihn am 30. September 1941, fast ein Jahr nach seiner Verhaftung, nach Kirchdorf im Wald, um ihn hinzurichten. Dazu wurden, wie in allen anderen Fällen, die Polen aus der Umgebung versammelt. Einer von ihnen war Franz Michalczyk, ein polnischer Zwangsarbeiter, der nach dem Krieg in Kirchdorf im Wald blieb. Das Arbeitsamt in seiner Heimat habe einst einen Transport mit circa 3.000 Personen nach Deutschland geschickt, sagte er. „Mit sechs Mann und zwei Frauen kam ich nach Kirchdorf im Wald. Darunter befand sich der landwirtschaftliche Arbeiter Jan Gorka aus Mala Poreba. Dieser war mir schon in meiner Heimat vom Sehen her bekannt. Sein Vater besaß ein landwirtschaftliches Anwesen. In Kirchdorf im Wald wurden wir den einzelnen Bauern, die Landarbeiter benötigten, zugewiesen. Ich kam zu dem Bauern Süß in Kirchdorf im Wald und Gorka auf einen Hof in Bruck."

Hingerichtet wurde Jan Gorka „in der Buche hinten", wie die Leute den kleinen Buchenwald am „Brucker Bergl" nennen. Der damalige Leiter der zuständigen Polizeistation berichtete über die Hinrichtung: „Am Exekutionstag fuhr gegen neun Uhr eine Wagenkolonne der Gestapo in Kirchdorf im Wald vor […]. Bei diesen Herren befand sich ein SS-Kommando von 3-4 Mann, die, mit Maschinenpistolen bewaffnet, den Exekutionsort absperrten. Die Exekution selbst nahmen KZ-Häftlinge vor." (Aussage vom 9.9.1953)

Der ehemalige Zwangsarbeiter Franz Michalczyk berichtete laut Polizeiprotokoll gar von einem „Scharfrichter in roter Kleidung". Es muss auf jeden Fall eine gespenstische Szene gewesen sein, die sich am „Brucker Bergl" abspielte. „Im Herbst 1941 war ich mit einem polnischen Zivilarbeiter und zwei Franzosen bei Süß. An einem Mittag wurden wir von dem Gendarmeriebeamten von der Wiese geholt und nach Hause geführt. Gleich darauf führte er uns nach Bruck. Auf unsere Fragen antwortete er nur, dass wir es schon sehen werden, warum wir dorthin geführt werden. In Bruck waren bereits circa 50 Zivilarbeiter aus der Umgebung zusammengeholt worden. Keiner wusste warum. Von der Straße aus sahen wir, dass aus dem Wald am Brucker

Bergl mit einem roten Licht Blinkzeichen gegeben wurden. Mir standen die Haare zu Berge, und ich ahnte schon etwas Furchtbares. Gleich darauf wurden wir von mehreren Gendarmeriebeamten in den Wald geführt. Dort sahen wir Gorka an einem aufgestellten Galgen hängen. Er war bereits tot. Zu dem Galgen führten drei Stufen. Auf einer solchen saß ein Mann in roter Kleidung. Bei dem Anblick sind wir sehr erschrocken, und einige von uns fingen an zu schreien. Im Halbkreis mussten wir um den Erhängten herumstehen und ihn ansehen. Der Mann in roter Kleidung gab uns in polnischer Sprache bekannt, dass Gorka erhängt wurde, weil er mit einer deutschen Frau geschlechtlich verkehrte, und wir sollen uns vorsehen, sonst würde es uns genauso ergehen."

Im Sterbebuch der Gemeinde Kirchdorf im Wald vermerkte der Standesbeamte: „Der polnische Landarbeiter Jan Gorka, katholisch, wohnhaft in Bruck, ist am 30. September 1941 um 12 Uhr 14 Minuten in Bruck, 300 m nördlich im Walde verstorben […]. Eintragung auf schriftliche Anzeige der Geheimen Staatspolizei in Regensburg."

Paula Blindzellner wurde zunächst in Regensburg inhaftiert. Am 1. Dezember 1941 bedankte sie sich in einem Brief bei ihrem Vater für ein Paket. „Die Äpfel haben gut geschmeckt", schreibt sie und berichtet, dass sie Anfang der Woche in der Waschküche helfen müsse und ansonsten „schöne Perlendecken" fertige und ihr die Handarbeit Spaß mache. „Wenn ich wieder zu Hause bin, will ich auch einige Decken für die Mutter machen. Wenn ich doch an Weihnachten bei euch wäre! Sollte das nicht der Fall sein, so, bitte, lieber Vater, besuche mich doch zu Weihnachten, es würde mir große Freude machen!" Paula Blindzellner versucht, den Vater zu beruhigen. „Du brauchst keine Angst haben, die Verpflegung ist recht gut, es wird geheizt im Winter, und wir haben immer reichlich zu Essen." Sie unterzeichnet mit „Deine dich liebende Tochter Paula", lässt „viele Grüße an Mutter und Schwestern" ausrichten, und schließt mit „Auf

Wiedersehen! Schreib mir bald wieder und viel!" Paula Blindzellner wurde in das Frauen-Konzentrationslager Ravensbrück gebracht. Sie wurde dort am 28. Februar 1942 als politischer Häftling registriert, aber offenbar bald weitergeschickt. Am 29. Oktober 1942 starb sie im KZ Auschwitz. Paula Blindzellner war 22 Jahre alt.

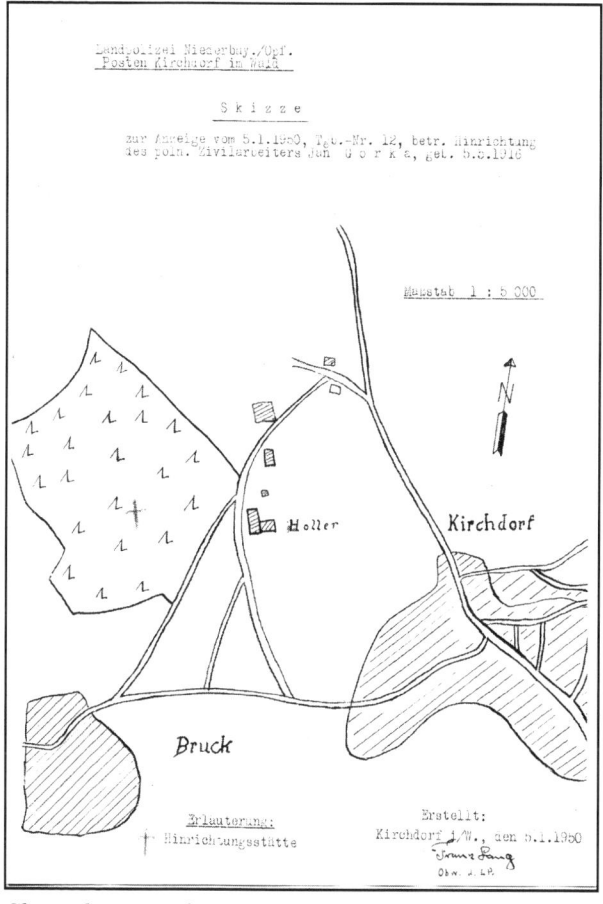

Skizze des Hinrichtungsortes von Jan Gorka, erstellt 1950 vom Polizeiposten Kirchdorf im Wald

„Die Mama hat nichts erzählt"

Wladyslaw Krawczyk, hingerichtet am 4. Dezember 1941 in Weinzierl, Stadt Bad Griesbach

„Ich weiß, wie die Polizei vorbei ist mit dem Polen", erinnert sich Rosi Sigl, die damals noch ein Kind war. Es war
am späten Vormittag des 4. Dezember 1941, als die Henker
mit Wladyslaw Krawczyk an ihrem Haus vorbeifuhren.
„Die sind ins Holz rauf gefahren und wir sind auf der Bank
gestanden und haben rausgeschaut." Wladyslaw Krawczyk
wurde hingerichtet, weil er mit der Mutter von Rosi Sigl eine
Liebesbeziehung unterhielt. Sie kennt auch den Tatort: ein
Waldrand bei Weinzierl, südlich vom niederbayerischen Bad
Griesbach. „Wir sind einmal in den Wald raufgegangen und
da hat es geheißen, da ist er aufgehängt worden."
Der Pole und die Deutsche arbeiteten auf dem gleichen Hof.
Thekla Sigl war Witwe und hatte zwei Töchter, die noch
nicht zur Schule gingen.
Wladyslaw Krawczyk, den Thekla Sigl „Walter" nannte,
wurde am 20. Mai 1913 in Turza im Osten Polens geboren.
Der gelernte Schmied hatte sich nach der Besetzung Polens
durch die deutsche Wehrmacht freiwillig als Landarbeiter
nach Deutschland gemeldet und arbeitete als Knecht bei
einem Bauern in Katzham für sieben Reichsmark in der
Woche. „Ich bin verheiratet und habe drei Kinder im Alter
von 5, 3 und 1 Jahren. Meine Frau wird von mir im Monat
mit ca. 10 Reichsmark unterstützt", gab er am 5. Mai 1941
zu Protokoll. Sein Dienstherr war mit ihm zufrieden. Seine
Frau und seine Kinder sah Wladyslaw Krawczyk jedoch
nie wieder.
Zum Verhängnis wurde ihm und Thekla Sigl die Nacht zum
1. Mai 1941, die der Pole bei seiner Geliebten verbrachte.

Eine Frau, die von dem Verhältnis wusste, erstattete Anzeige. Das Paar wurde verhaftet. Bei seiner Vernehmung leugnete Krawczyk. Thekla Sigl habe ihm nur die Wäsche geflickt, sagte er. Doch dann wurden die beiden gegenübergestellt und Krawczyk gestand. Der Pole kommentierte das Geschehen mit einem kräftigen „Kruzifix!"

Die Justiz kam in den 50er Jahren zu dem Schluss, dass es 1941 leider nicht schwer gewesen sei, das intime Verhältnis der beiden nachzuweisen, denn „es fanden sich Personen, die bereitwilligst darüber Auskunft gaben".

Die Gemeinde habe 25 sogenannte „Polen-Appelle" abgehalten, bei denen die polnischen Zwangsarbeiter sonntags auf ihre Pflichten aufmerksam gemacht worden seien, berichtete die Polizei an das Landratsamt, und Krawczyk sei 20 Mal anwesend gewesen. Punkt sieben des Merkblattes, nach dem Liebesbeziehungen mit deutschen Frauen mit dem Tode bestraft werden, sei immer ausführlich behandelt worden. „Bei einer solchen Gelegenheit äußerte der Angeklagte einmal: ‚Ich schon verstehen, ich nix lieben deutsche Frau!'"

Die Liebe zwischen Thekla Sigl und Wladyslaw Krawczyk wurde ein Fall für die Gestapo, und das Reichssicherheitshauptamt entschied: Hinrichtung. Ungünstig hatte sich für den Polen vermutlich ausgewirkt, dass er der Polizei bereits negativ aufgefallen war und einmal drei Tage in Polizeihaft verbracht hatte, weil er den Arm um eine Jugendliche gelegt hatte.

Sieben Monate war Wladyslaw Krawczyk in Haft, als die Gestapo dem Landrat von Griesbach am 28. November 1941 mitteilte, was zu tun war: „Der Reichsführer SS hat die Exekution des Krawczyk angeordnet, weil er mit einer deutschen Frau Geschlechtsverkehr gepflogen hatte. Die Durchführung der Exekution findet am Donnerstag, den 4. Dezember 1941 um 12 Uhr am Rande des bewaldeten Hanges – 1000 m südostwärts der Ortschaft Weinzierl, 1500 m südlich des Ortes Griesbach, Lkrs. Griesbach – statt. Gleichzeitig bitte ich zu dieser Aktion 4 Gendarmerie-Beamte in Uniform abzustellen und sie zu beauftragen, sich am 4.12.1941 um 11 Uhr bei Kriminalkommissar Kuhn am Richtplatz zu melden. Außerdem bitte ich zu veranlassen, dass die männlichen polnischen Arbeitskräfte, die im Umkreis von 2 Wegstunden um den Richtplatz beschäftigt sind, am 4.12.1941 um 11.30 Uhr am Südausgange des Ortes Weinzierl – Straße nach Karpfham – versammelt sind, damit sie nach der durchgeführten Exekution durch Gendarmerie-Beamte am Richtplatz vorbeigeführt werden können."

Zur Hinrichtung kam dann ein „SS-Kommando mit KZ-Häftlingen, die angeblich aus Dachau waren", sagte am 4. Juni 1954 der Beamte aus, der beim Landratsamt Griesbach den Fall bearbeitet hatte. Erhalten geblieben ist der „Stimmungsbericht", der nach einer Exekution geschrieben werden musste. „An die Geheime Staatspolizei, Polizeileitstelle Regensburg" meldete das Landratsamt, dass die Aktion, zu der „164 Polen aus 16 Gemeinden" kommen mussten, „offensichtlich den gewünschten erzieherischen und abschreckenden Eindruck hinterlassen" habe. „Während die angetretenen Polen, die nicht wussten, weshalb sie zusammenberufen wurden, vorher sich noch polnisch und disziplinlos benehmen wollten, sank nach der Exekution sofort ihre Stimmung erheblich. Sie zeigten noch nach Tagen ein sehr gedrücktes Wesen und sind nach Angaben verschiedener Arbeitgeber seitdem viel williger." In der Bevölkerung gab es diesem Bericht zufolge „nur wenig abfällige Kritik". Fand die Exekution wirklich die Zustimmung der Menschen, oder führte hier ein überzeugter Nazi, ein willfähriger Karrierist oder ein unterwürfiger Beamter die Feder? Die Leute wollten auch die Frau bestraft sehen, schreibt er: „Häufig wurde allerdings auch der Standpunkt vertreten, dass zusammen mit dem Polen auch die deutsche Frau aufgehängt hätte werden müssen. Die Bevölkerung hat jedoch nicht verstanden, dass die Frau nicht mindestens der Exekution hat beiwohnen müssen." (Bericht vom 12.12.1941)

Thekla Sigl büßte schwer für ihr „Verbrechen". Obwohl sie zwei kleine Kinder hatte, wurde sie in das Frauen-KZ Ravensbrück verschleppt. Die Töchter kamen zu einer Tante in Pflege. Rosi war damals vier, ihre Schwester Lina zwei Jahre alt. Ihre Tante hatte selbst fünf Kinder, zusätzlich zog sie dann einige Jahre Rosi und Lina auf. Elisabeth Götz aus Straubing, ebenfalls wegen einer Liebesbeziehung mit einem Polen im KZ Ravensbrück, kann sich noch gut an Thekla Sigl erinnern. Die beiden Frauen lernten sich im Konzentrationslager kennen. Elisabeth Götz weiß noch, wie viele Sorgen sich ihre Freundin um die Töchter machte. „Was die

*Thekla Sigl
mit Tochter Rosi,
ca. 1938*

Thekla geweint hat, jeden Tag, jeden Tag um ihre Dirndln, wie es denen gehen wird." Elisabeth Götz glaubte, Thekla Sigl hätte Ravensbrück nicht überlebt. Als sie jetzt erfährt, dass ihre Leidensgefährtin nach Hause zurückgekehrt ist, ist sie nach all den Jahren erleichtert.

Am 15. Februar 1945 wurde Thekla Sigl nach fast vier Jahren Haft aus dem KZ Ravensbrück entlassen. Rosi Sigl erinnert sich noch daran: „Ich weiß, wie die Mama aus dem KZ gekommen ist, wie es geheißen hat: Die Mama ist da, der Rosa und der Line ihr Mama ist da."

Thekla Sigl forderte nach der Befreiung, die Denunziantin, die bei der Polizei Anzeige erstattet hatte, zur Rechenschaft zu ziehen. Vergeblich. Die Frau, „die ein Menschenleben auf dem Gewissen hat und mich vier Jahre ins KZ gebracht hat", wie sich Thekla Sigl ausdrückte, wurde nicht verurteilt. Der Beschuldigten könne nicht nachgewiesen werden, damit gerechnet und es innerlich gebilligt zu haben, dass der Pole auf ihre Anzeige hin getötet werde, so die Passauer Staatsanwaltschaft am 20. Oktober 1950. Das Verbrechen der erschwerten Freiheitsberaubung habe die Frau objektiv, aber nicht subjektiv erfüllt. Ihr fehle unter anderem „das erforderliche Bewusstsein der Rechtswidrigkeit", heißt es da. „Die Beschuldigte dürfte als einfache Landfrau den verbrecherischen Charakter der Gestapo-Maßnahmen nicht erkannt haben." Das Verfahren „wegen erschwerter Freiheitsberaubung" wurde eingestellt.

Ihren Kindern erzählte Thekla Sigl über ihre Jahre im Konzentrationslager Ravensbrück nichts. „Was ich weiß", sagt Rosi Sigl, „habe ich von meiner Tante, der hat sie erzählt, dass sie es im KZ nicht schlecht gehabt hat, weil sie in der Küche arbeitete. Uns hat die Mama nichts erzählt vom KZ."

„Ich war verliebt"

Czeslaw Gongorowski, hingerichtet am 10. März 1942 in Münchshöfen, Landkreis Straubing-Bogen

Mit Wehmut denkt Elisabeth Götz aus Straubing an Czeslaw Gongorowski. Der Pole war ihre erste große Liebe. Czeslaw Gongorowski wurde am 10. März 1942 zwischen Oberschneiding und Münchshöfen im Landkreis Straubing-Bogen an einem Waldrand erhängt. Elisabeth Götz war über drei Jahre im KZ Ravensbrück inhaftiert.

*Elisabeth Götz,
ca. 1947*

Sie ist nach einem Anruf gerne bereit, ihre Lebensge-
schichte zu erzählen. Ihr Mann sitzt still daneben und hört
gespannt zu.
Im Jahr 1941 kam Elisabeth Götz, Jahrgang 1923, als Haus-
gehilfin zu einem Bäckermeister nach Oberschneiding und
traf dort Czeslaw Gongorowski, geboren am 29. Juli 1916.
Sie verliebte sich in ihn, vielleicht auch, weil sie bis dahin
in ihrem Leben wenig Liebe erfahren hatte. „Verliebt war
ich schon. Ich hab' daheim keine Liebe gekannt. Jetzt hab'
ich mich da schon besser angehängt. Da geht das schnell.
Ich glaube, wenn ich bei den Eltern gut gestanden wäre,
dass die mich mögen hätten, dass mir das gar nicht passiert
wäre. Ich weiß es nicht."
Elisabeth Götz fühlte sich von dem sympathischen, attrak-
tiven Mann angezogen: „Er war blond, hat ein schönes Na-
turhaar gehabt, schöne Wellen, und er war zu allen Leuten
nett, hat fleißig gegrüßt, der hat gut deutsch gesprochen."

*Czeslaw Gongorowski (re.) zusammen mit seinem
Bruder Kazimierz*

Seinen Nachnamen wusste sie damals nicht. Das war auch nicht wichtig. Hier nannten ihn alle Richard. „Da hat es nur geheißen: ‚Wo ist der Richard?' Er war anständig. Er hat auch immer viel Besuch gehabt von anderen Polen, der hat oft die ganze Werkstatt voller Burschen gehabt."

Czeslaw Gongorowski kam als polnischer Kriegsgefangener nach Niederbayern. Am 5. Juli 1940 schreibt er in einem Brief an seine Eltern, dass er und seine Kameraden jetzt „von der deutschen Soldatenversklavung befreit und als Zivilisten dem Arbeitsamt zugeteilt" worden seien. „Davor hatten wir als Soldaten in verschiedenen Bereichen gearbeitet, dabei wurden wir wie Sklaven überwacht. Uns war nichts erlaubt, außer arbeiten. Jetzt müssen wir die Uniformen abgeben und uns um zivile Kleidung kümmern und weiter arbeiten. Wir leben genauso wie die Arbeiter, die freiwillig oder gezwungen nach Deutschland gekommen sind. Denkt aber nicht, dass es uns jetzt besser geht […]. Es ist egal, wo man als polnischer Sklave arbeitet, man bekommt immer nur 21 Mark im Monat."

Czeslaw Gongorowski zeigte Elisabeth Götz offen seine Zuneigung, zu offen, wie sie fand. „Ja, der Richard hat die Angewohnheit gehabt und ist beim Essen allerweil hinter mir hin gegangen und hat mir die Wangen gestreichelt. Dann hat er sich erst hingesetzt. Dann haben sie alle so geschaut, alles hat die Augen und den Mund aufgerissen. Er hat nichts gesagt und ich hab auch nichts gesagt. Ich hab es ihm ein paar Mal gesagt, er darf mich nicht allerweil so anfankerln, wenn er da in die Küche kommt zum Essen. Das ist ganz gefährlich!"

Doch die Liebe war stärker, obwohl Elisabeth Götz um die Gefahren wusste: „Ich hab ihm gesagt, wenn ich zu ihm ins Zimmer gehe und wir verschlafen und es erwischt uns jemand: ‚Du wirst aufgehängt und ich werd eingesperrt! Das ist jetzt das Gesetz.' Ach, ich soll nicht so viel reden, weil uns erwischt sowieso niemand."

Allerdings wurde über die beiden bereits getuschelt. Czeslaw Gongorowski gelang es, den Arbeitsplatz zu wechseln. Er bekam eine Stelle bei einem Bäcker in München und hatte dort schon zu arbeiten begonnen, doch das Paar wurde denunziert und verhaftet. Elisabeth Götz kam in das Gefängnis nach Straubing und später nach Regensburg. Hier sah sie ihren Geliebten noch einmal. „Da sind wir eingeteilt worden zum Arbeiten. Und da ist eine ganze Reihe Polen gestanden, und er ist auch da gestanden. Da hat er mir einen Handkuss zugeworfen. Das war alles. Das war das letzte Mal, dass ich ihn gesehen hab'."

Auch in seiner Familie in Polen ist Czeslaw Gongorowski nicht vergessen. Fotos ihres Bruders und einige der vielen Briefe, die Czeslaw geschrieben hatte, halten bei Henryka Krüger, die in Polen lebt, die Erinnerung wach. Ihr Bruder war eines von sieben Kindern der Familie. Natürlich war die Familie sehr beunruhigt, als sie von der Verhaftung des Sohnes erfuhr. Am 13. Oktober 1941 schreibt Czeslaw aus dem Gefängnis in Regensburg nach Hause:

„Liebe Eltern, [...] macht Euch keine Sorgen. Es ist nicht so schlimm, wie es vielleicht aussieht. Der Mensch gewöhnt sich an alles, sogar an das Schlimmste. Ich sitze natürlich nicht den ganzen Tag in der Zelle, sondern gehe täglich zur Arbeit, außer am Sonntag. Sonntags gibt es immer eine Messe in der Gefängniskapelle. Da vergeht die Zeit schnell. Das Essen ist schlecht und wenig, schließlich bin ich ja im Gefängnis. Das alles ist aber trotzdem nicht so schlimm, es soll bloß nicht schlimmer kommen. In Deutschland sitzt man nicht so einfach herum und verschwendet die Zeit. Es ist zwar ein Gefängnis, aber man bekommt Arbeit und da vergeht die Zeit schneller. Ich hacke beispielsweise Holz. Die Arbeit ist nicht so schwer und dazu noch im Freien, also eigentlich sehr gesund. Ich bitte Euch, mir keine Pakete zu senden, denn erstens brauche ich nichts und zweitens dürfen wir hier keine Pakete empfangen. Ihr solltet Euch lieber um euch selber kümmern. Ich weiß sehr gut, dass es Euch dort im Krieg gar nicht gut geht. Ich kann es hier sogar 10 Jahre aushalten, wenn es sein muss. Ich bin jung und gesund und die schlimmste Armut kann mir nichts anhaben. Das wichtigste ist die Gesundheit, alles andere zählt nicht. Ich will nur Euch noch einmal sehen können. Es sind schon ein paar Jahre vergangen und die lang erhoffte Rückkehr in die Heimat kommt nicht."

Den Grund seiner Verhaftung nennt Czeslaw Gongorowski nicht. Den letzten Brief schreibt er aus dem Gefängnis Straubing. Obwohl seine Stimmung offenbar immer niedergedrückter wurde, gibt er sich immer noch zuversichtlich.

„Liebe Eltern, […] Ich war immer so selbstbewusst. Ich habe immer geglaubt, dass mich nichts mehr brechen kann, dass es keinen Sturm im Leben gibt, dem ich nicht Widerstand leisten könnte […]. Ich muss zugeben, dass ich gelernt habe, Hindernisse und Rückschläge zu ertragen und sie beeindrucken mich jetzt fast überhaupt nicht mehr. Ich

Czeslaw Gongorowski schickte 1940 dieses Foto aus Niederbayern an seine Familie in Polen

sage mir immer: Bloß damit es nicht schlimmer kommt […].
Wenn mir jemand sagen würde, dass ich morgen erschossen
werden soll, dann würde ich es wahrscheinlich genauso wie
einen Ruf zum Mittagessen entgegennehmen. Liebe Eltern,
verliert bitte nicht die Hoffnung, wir werden uns wiedersehen. Vielleicht schon bald. Ich bin nämlich der Meinung,
dass die Überprüfung meiner Schuld bald beendet ist, und
dass sie mich freilassen werden."

Die Hoffnung war vergebens. Czeslaw Gongorowski wurde
am 10. März 1942 hingerichtet als einer von zwei Polen, die
bis zuletzt im Straubinger Gefängnis inhaftiert waren und
am gleichen Tag von einem Exekutionskommando aus dem
KZ Dachau getötet wurden. Die Gestapo ließ zuerst Czeslaw
Gongorowski und dann Tomasz Wolak ermorden.

Ein anderer polnischer Zwangsarbeiter, der ebenfalls in
Niederbayern beschäftigt war, schrieb der Familie Gongorowski, was passiert war. „Unsere Mama war niederge-
schmettert. Sie hat sich eine Woche lang völlig zurückge-
zogen. Sie hat gesagt, sie kann nicht mehr leben und will
sterben. Die Mama hat sich ins Dachgeschoss geflüchtet
und eine Woche lang mit niemandem gesprochen", berichtet Henryka Krüger. Ihr Bruder war 16 Jahre älter als sie,
aber sie kann sich noch gut an ihn erinnern. Er habe zwar
keine höhere Schule besucht, aber er sei „ambitioniert"
gewesen, habe eine schöne Handschrift gehabt und habe
sehr gut zeichnen können. Henryka Krüger weint. Ihre drei
Brüder kamen während des Krieges um. „Die Mama hat
vor allem ihre Söhne geliebt, und er war der Hübscheste
und Größte." Henryka Krüger hat den Tod von Czeslaw
selbst viele Jahre verdrängt. Beim Besuch am Grab der
Eltern denkt sie aber unweigerlich immer an ihn. Auf dem
Grabstein der Eltern steht auch sein Name.

Elisabeth Götz büßte im KZ Ravensbrück für ihr „Verbrechen". Gleich nach ihrer Ankunft wurden ihr die Haare
geschoren, als Zeichen der Erniedrigung. In der Schneiderei

fertigte sie dann Uniformen für die Wehrmacht. „Ich bin nicht krank geworden, toi, toi, toi. Ich hab keine Krätze bekommen, weil ich auch jeden Tag in den Waschraum gegangen bin und mich kalt abgewaschen hab, auch im Winter." Zu ihrem Glück arbeitete in der Wäscherei eine Frau aus dem Landkreis Straubing, die auch wegen einer Liebesbeziehung mit einem Polen im KZ war. „Als ich die Lina getroffen hab, hab ich gesagt: ‚Lina, wir kriegen so kleine Stücke Seife.' Hat sie gesagt: ‚Liesl, da kommst zu mir in die Wäscherei. Du brauchst bloß klopfen, ich hör dich dann', da hat sie mir so einen Ballen Waschpulver gegeben. ‚Lass dich aber nicht erwischen!'"

Die Gespräche mit ihrer Freundin Anni, die sie ebenfalls im KZ kennen gelernt hatte, drehten sich oft um das Essen. Anni und sie versprachen sich gegenseitig, dass diejenige, die als erste heimkommen sollte, der anderen ein Paket schickt. Sie mag geräucherten Schinken so gern, erzählte sie ihrer Freundin. Anni durfte als erste nach Hause und eines Tages kam wirklich ein Paket mit einem Brot, in das Geräuchertes eingebacken war. „Siehst, habe ich mir gesagt, die Anni hat Wort gehalten."

Weil sie von einer Aufseherin grundlos geschlagen wurde, war Elisabeth Götz aber einmal auch so verzweifelt, dass sie beinahe in den elektrischen Zaun gelaufen wäre. In den letzten Wochen ihrer Haft sei es leichter gewesen, berichtet sie. Bayerische Aufseherinnen ließen sie ab und zu in deren Büro kommen und gaben ihr zu essen.

Im Februar 1945 wurde sie aus Ravensbrück entlassen, erinnert sich Elisabeth Götz. Aus dem KZ kam die junge Frau sehr geschwächt nach Hause. Bis heute ist sie nicht ganz gesund.

Zu Hause erfuhr sie, dass „Richard" Gongorowski hingerichtet worden war. „Mein Vater hat es mir gesagt, gleich am nächsten Tag. ‚Weißt du, was sie mit dem gemacht haben, die Hammel, die Saubären? Der ist gehenkt worden.' ‚Nein, hab' ich gesagt, ‚das darfst nicht glauben!' Dann hab ich gefragt, wo er liegt, wo sie ihn begraben haben, aber das hat niemand gewusst, weil von uns niemand oben war."

Es dauerte einige Zeit, bis sie den Tod von Czeslaw Gongorowski verkraftete. Nach dem Krieg habe es sie „noch ein paar Mal umeinander gehauen", sagt sie. „Am Anfang, wie ich heimgekommen bin, da hab ich oft daran gedacht, warum er sterben hat müssen, warum sie das gemacht haben. Als ich es erfahren hab, hab ich für ihn auch alle Tage ein ‚Vater unser' gebetet. Ich hab viel gebetet für ihn."

Mit der Beziehung zu Czeslaw Gongorowski hatte sie bereits abgeschlossen, als sie nach Hause kam, erzählt Elisabeth Götz. „Dadurch, dass ich so viel mitmachen musste, hätte ich ihn auch nicht mehr mögen. Ich hab' schon viel Angst gehabt. Und so habe ich auch von Männern lange Zeit Abstand genommen, bis ich meinen Mann kennen gelernt hab'. Ich hab' keinen gehabt, die ganze Zeit nicht."

Jahrzehntelang schwieg Elisabeth Götz über das, was ihr damals angetan wurde. Ihre Kinder hörten erst an ihrem 65. Geburtstag von der KZ-Haft der Mutter und das per Zufall. „Ich weiß es auch nicht", antwortet sie auf die Frage, warum sie solange geschwiegen habe. „Erstens habe ich mich geschämt und zweitens habe ich gedacht, das muss man ihnen nicht erzählen. Ich habe mit ihnen nicht darüber reden können."

„Ich will wissen, wer mein Großvater war"

Tomasz Wolak, hingerichtet am 10. März 1942 in Deutenkofen, Landkreis Landshut

Es war Dienstag, der 10. März 1942. Für einen Werktag saßen ungewöhnlich viele Leute im Gasthaus, das zum Gut Deutenkofen gehörte. Der Pächter des Gutes erkundigte sich, was denn los sei und erfuhr, dass Tomasz Wolak hingerichtet werden sollte. „An diesem Tage nachmittags ging ich in den fraglichen Wald, wohin zahlreiche andere Leute auch gingen. Ich wollte den Polen noch sehen, da er doch bei mir gearbeitet hatte. Als ich in den Wald kam, sah ich nur mehr, dass der Pole bereits am Galgen hing."

Bei Recherchen zu diesen Fällen werden oft die Telefonhörer schnell aufgelegt und Interviews abgelehnt. Irmengard Fesl aus Untergriesbach bei Passau will dagegen unbedingt etwas über Tomasz Wolak wissen, denn er war ihr Großvater. Erst nach dem Tod ihrer Mutter hat sie erfahren, dass die Mutter die Tochter eines hingerichteten polnischen Zwangsarbeiters war. Als sie eines Tages nach ihrem Großvater gefragt hatte, antwortete die Mutter, dass er ein deutscher Soldat gewesen und im Krieg gefallen sei. Auch dass ihre Großmutter im KZ Ravensbrück inhaftiert war, wusste Irmengard Fesl nicht. Die junge Frau ist keineswegs peinlich berührt. Im Gegenteil. Sie ist froh, Lücken in der Familiengeschichte schließen zu können. „Ich weiß nichts von meinem Großvater, nicht einmal seinen Namen", sagt Irmengard Fesl, die selbst schon recherchierte, aber nicht fündig wurde.

Die Geschichte spielt in Deutenkofen, einem Dorf, das heute zur Gemeinde Adlkofen im Landkreis Landshut gehört. Das Wahrzeichen von Deutenkofen ist ein Schloss, zu dem damals, anders als heute, ein Gut gehörte. Auf diesem Gut waren Rosa Kinateder, die Großmutter von Irmengard Fesl, und Tomasz Wolak beschäftigt. Rosa Kinateder, Jahrgang 1916, berichtete in ihrer Vernehmung am 5. Mai 1953 selbst, was sich in Deutenkofen zugetragen hatte: „Im Sommer 1940 kam auf den Hof der polnische Landarbeiter Thomas Wolak, mit dem ich nach einiger Zeit ein intimes Verhältnis anbahnte, das nicht ohne Folgen blieb. Ich wurde von ihm geschwängert und gebar von ihm am 25. September 1941 ein Mädchen. Im Juli 1941 wurde bekannt, dass ich von Wolak schwanger war. Daraufhin wurden wir beide festgenommen und zur Vernehmung zum Gendarmerie-Posten gebracht. Wegen meiner Schwangerschaft wurde ich am gleichen Tag wieder auf freien Fuß gesetzt. Thomas Wolak wurde in Haft behalten. Erst nach einigen Jahren habe ich erfahren, dass er von der Gestapo gehängt worden sein soll."

Tomasz Wolak und Rosa Kinateder waren Ende Juli 1941 während der Ernte plötzlich von der Gendarmerie Adlkofen festgenommen worden, erinnerte sich der Pächter des Gutes später. Bei der Polizei in Adlkofen war zunächst ein anonymer Brief eingegangen, sagte ein Polizist 1953 aus. „Einige Tage oder Wochen später" habe dann ein Kollege noch „zum Zwecke der Anzeigenerstattung die vertrauliche Mitteilung [bekommen], dass der bei der Gutsverwaltung beschäftigte Pole die deutsche Magd geschwängert habe." Die Polizisten wurden aktiv. Die beiden Beschuldigten wurden festgenommen und verhört. Sie gestanden ihr Verhältnis. Rosa Kinateder durfte auf Grund ihrer Schwangerschaft vorläufig wieder nach Hause. Sie brachte im Krankenhaus Landshut am 25. September 1941 eine Tochter zur Welt und kehrte zu ihren Eltern zurück. Am 5. März 1942, fünf Tage vor der Hinrichtung von Tomasz Wolak, wurde sie verhaftet und von einem Polizeibeamten nach Regensburg gebracht.

„Er lieferte mich in das dortige Gerichtsgefängnis ein. Im Gefängnis waren mehr solche Frauen, die sich die gleichen

Verfehlungen zuschulden kommen ließen. Am nächsten Tag wurde ich mit noch mehreren Frauen von der Gestapo zur kurzen Vernehmung abgeholt. Die Vernehmung war gleich vorüber, und ich kam wieder in das Gefängnis zurück. Nach einigen Tagen kam ich mit einem Sammeltransport in das Konzentrationslager Ravensbrück. Dort war ich bis zum 24. Februar 1943. Wegen meiner damaligen Verfehlung wurde ich vor kein Gericht gestellt."

Rosa Kinateder, um 1938 in Deutenkofen

Die Kreisbauernschaft hatte sich für ihre Entlassung eingesetzt, schließlich war ihr Vater Ortsbauernführer, berichtete Rosa Kinateder. Sie heiratete 1948, bekam aber keine weiteren Kinder mehr. Bei ihrer Vernehmung 1953 erklärte sie resigniert: „Ich für meine Person habe kein Interesse, dass die Schuldigen, die meine Festnahme veranlasst haben, heute noch zur Rechenschaft gezogen werden. Ich werde nicht einmal als politisch Verfolgte anerkannt und bekomme für die Zeit meiner Inhaftierung keine Entschädigung."

Tomasz Wolak, geboren am 20. November 1919 in Nowy Nart im Südosten Polens, wurde nach sieben Monaten Haft am 10. März 1942 um 14.35 Uhr erhängt. Er war 22 Jahre alt.

Der damalige Bürgermeister von Deutenkofen sagte aus, dass bereits im August 1941 drei Beamte der Gestapo Regensburg erschienen seien und einen Hinrichtungsort ausgesucht hätten. Er habe darauf hingewiesen, dass „der Pole ein fleißiger und anständiger Arbeiter sei". Die Gestapo-Leute hätten gesagt, dass sie versuchen würden, die Hinrichtung zu verhindern und Wolak vielleicht noch begnadigt werden könnte. (Aussage vom 14.4.1953)

Vollzogen wurde die Hinrichtung durch ein Exekutionskommando des KZ Dachau, welches am Vormittag desselben Tages bereits Czeslaw Gongorowski getötet hatte. Die polnischen Arbeiter waren aus der weiteren Umgebung zunächst in den Schlosshof von Deutenkofen gebracht worden und wurden nach der Hinrichtung zum Tatort geführt.

Der Heimatforscher Ernst Schröder hat zu diesem Thema recherchiert und die Todesurkunde von Tomasz Wolak in einem Buch über Adlkofen abgedruckt. Von Schröders Elternhaus aus kann man den Hinrichtungsort sehen. „Auf dieser Anhöhe war es!" Ernst Schröder deutet auf ein kleines Gehölz, direkt an der Straße von Deutenkofen nach Adlkofen. Der exakte Tatort sei vielleicht einer Straßenbaumaßnahme zum Opfer gefallen, aber die Anhöhe gab es auch damals. Ernst Schröder weiß es nicht genau. Er hat schon als Kind von diesem Verbrechen erfahren. „Ich war 14 Jahre alt und kam von der Schule in Landshut heim, da erzählte mir meine Mutter, dass 500 Meter von unserem Haus entfernt ein Pole aufgehängt worden sei. Im Vordergrund stand bei uns aber, dass meine Tante, die bei der Gemeinde den Tod zu beurkunden hatte, deshalb zum Arzt musste und mindestens 14 Tage dienstunfähig war." Wie aufgeregt seine Tante gewesen sein muss, entnimmt er der Sterbeurkunde des Polen. Die Tante hatte sonst eine gestochen scharfe Schrift, aber auf diesem Dokument führte offenbar eine zittrige Hand den Stift. Außerdem trug sie einmal den 10. März und einmal den 9. März als Todestag ein – für den Neffen ein weiteres Indiz ihrer Erregung. Nachdem das Heimatbuch von Ernst Schröder erschien, in dem die Hinrichtung erwähnt wird, beschloss der örtliche Trachtenverein, einer alten Tradition gemäß ein Marterl zu errichten. Es soll an die tragische Liebesgeschichte von Rosa Kinateder und Tomasz Wolak erinnern.

Eine Jugendliebe endet tödlich

Kazimierz Rutkowski, hingerichtet am 20. März 1942 in Hütting, Landkreis Passau

Kazimierz Rutkowski, geboren am 9. März 1924 in Warschau, war 18 Jahre alt, als er starb. Zum Verhängnis wurde ihm seine Liebesbeziehung mit einer Dienstmagd. Waren es die ersten sexuellen Erfahrungen, eine kleine Affäre oder die erste große Liebe des jungen Mannes aus Polen? Jedenfalls bezahlte er dieses „Verbrechen" mit seinem Leben.

Die jungen Leute waren auf benachbarten Bauernhöfen in Hütting, das damals zum Landkreis Griesbach gehörte, beschäftigt. Kazimierz Rutkowski war 17, die deutsche Magd gerade 13 Jahre alt. Als erwachsene Frau schilderte sie bei ihrer Aussage am 12. Mai 1953, wie sie und der Pole sich näher kamen: „Ich bin in den ersten Monaten des Jahres 1941 nach Hütting zu einer Bauernwitwe als Hausmagd gekommen. Kasimir musste öfter in unserem Betrieb helfen, weil auf diesem Hof keine Männer waren. So kam es, dass Kasimir und ich uns immer mehr anfreundeten und dass es schließlich auch zu intimen Beziehungen kam."

Das Liebesverhältnis ging einige Wochen lang gut. Doch dann waren die jungen Leute im Hochsommer 1941 so unvorsichtig, sich auf einem Kartoffelacker, den man frei einsehen konnte, zu lieben und wurden prompt von einem Bauern beobachtet. Es war der Nachmittag des 20. August 1941. Der Landwirt, der die beiden gesehen hatte, meldete den Vorfall dem Ortsgruppenleiter der NSDAP, Josef Propsteder, der umgehend die Polizei informierte und Anzeige erstattete. Der Pole wurde noch am gleichen Tag verhaftet. Der Polizist, der Rutkowski festgenommen hatte, erklärte:

„Die Tat wurde mir von dem Ortsgruppenleiter angezeigt und wir haben den Polen in Hütting vom Dienstplatz weg abgeholt. Soviel ich mich entsinne, habe ich ihn in das Gerichtsgefängnis Passau eingeliefert. Ich habe seinerzeit in Anwesenheit des Ortsgruppenleiters den Polen Kasimir zur Sache vernommen und er hat die Tat sofort zugegeben." (Aussage vom 24.3.1953)

Der jungen Frau wurde von ihrem Lehrer „tadelloses Verhalten" attestiert. Sie habe „gut gelernt" und sei „talentiert" gewesen. Nach dem Krieg empörte sich die Frau immer noch, dass der Augenzeuge „nichts Eiligeres zu tun hatte, als den Vorfall an die große Glocke zu hängen". Damals war sie zwar erst 13 Jahre alt gewesen, aber die Frau betonte, dass alles mit ihrem „vollen Einverständnis" geschehen war. Auch die Kriminalpolizei Griesbach befand in ihrem Bericht 1953: „Beide fanden aneinander Gefallen und es entwickelte sich in den folgenden Monaten ein regelrechtes Liebesverhältnis." Nach der Verhaftung von Kazimierz Rutkowski wurde sie ebenfalls zur Polizei zitiert. Zunächst konnte sie wieder nach Hause zurückkehren, doch dann steckten die Behörden das Mädchen zwei Jahre lang in ein Fürsorgeheim bei München. Für ihre Eltern, insbesondere für die Mutter, war das schlimm, erinnert sich eine Schwester der bereits verstorbenen Frau.

Kazimierz Rutkowski wurde neun Monate in den Gefängnissen Passau, Regensburg und Straubing inhaftiert. Am 20. März 1942 wurde der junge Pole dann im sogenannten Haderer Holz südlich von Hütting erhängt. Dem Bericht eines damaligen Polizisten vom 24. März 1943 zufolge brachte das Hinrichtungskommando, das aus einem KZ kam, den Galgen, der dann am Tatort aufgebaut wurde, in einem „geschlossenen Kastenwagen" mit.

Josef Wagner, der Landwirt, bei dem er gearbeitet hatte, stellte ihm post mortem ein gutes Zeugnis aus: „Er hat fleißig gearbeitet und nie Anlass zu irgendwelchen Beanstandungen gegeben." Der damalige Gemeindeschreiber erklärte, dass er und der Bürgermeister an der Hinrichtung teilgenommen hatten. Der Ortsgruppenleiter habe ihnen den Auftrag dazu gegeben, „zwecks Beurkundung des Sterbefalls". Auch der Polizist, der Kazimierz Rutkowski festgenommen hatte, war vor Ort:

„Ich musste Kasimir vom Auto weg zur Hinrichtungsstätte führen. Er war nicht gefesselt [...]. Kasimir wusste, dass er aufgehängt wurde, denn wir hatten uns im Auto unterhalten. Der Kraftfahrer gab ihm Zigaretten, die er in aller Gemütsruhe rauchte. Die Hinrichtung wurde in der Form durchgeführt, dass Kasimir auf eine kleine Treppe steigen musste. Die beiden Häftlinge standen rechts und links der Treppe. Neben der Treppe stand der Galgen. Eine Zivilperson legte ihm den Strick um den Hals und prüfte nach, ob der richtig sitzt. Sodann betätigte der Zivilist einen Hebel, worauf der Boden der Treppe durchfiel. Kasimir hing sodann frei in der Luft. Er war in einigen Minuten tot."

Ortsgruppenleiter Josef Propsteder nahm sich am Ende des Krieges das Leben, er erhängte sich in einem Wald.

Die Freundin von Kazimierz Rutkowski heiratete nach der Befreiung, bekam vier Kinder, starb aber schon 1961 im Alter von nur 32 Jahren. Der Lokalhistoriker Reinhard Hofer erfuhr von einem Mann, der zufällig Augenzeuge der Exekution geworden war, von dem Verbrechen in Hütting. Der Pole sei auf einem Schulsportplatz erhängt worden, der in einem Wald angelegt war. Diese Lichtung gibt es nicht mehr, sie wurde später bepflanzt. Wenn er Pilze suche, kommt er hier öfter vorbei, so Reinhard Hofer: „Da denke ich immer dran, dass das unschuldige Bürscherl da aufgehängt worden ist, weil er mit einem Dirndl was gehabt hat."

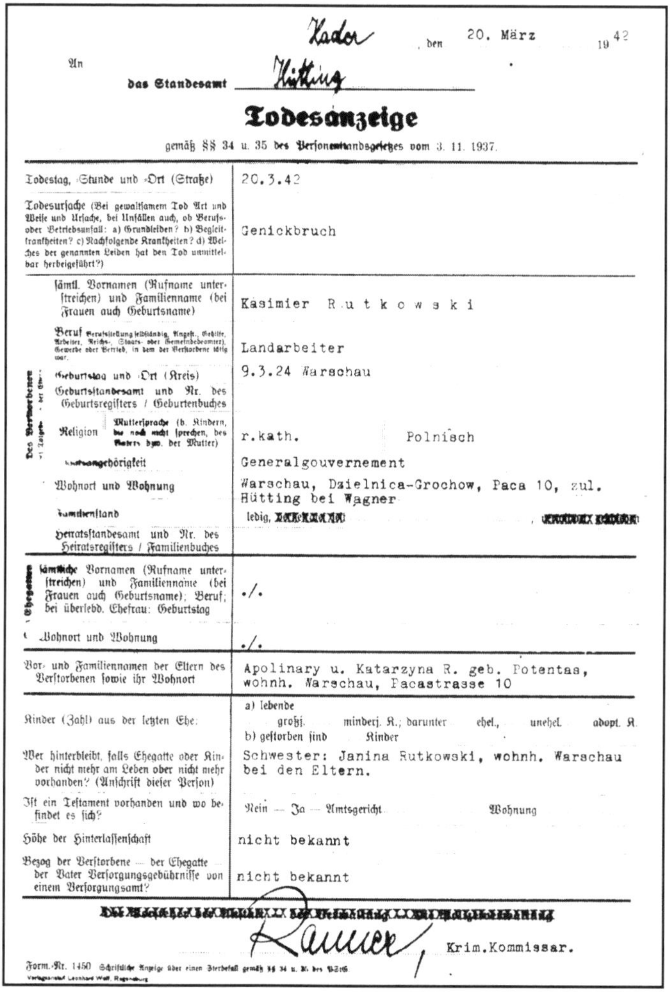

An
das Standesamt *Hütting*   *Kador* , den 20. März 19 42

Todesanzeige

gemäß §§ 34 u. 35 des Personenstandsgesetzes vom 3. 11. 1937.

Todestag, -Stunde und -Ort (Straße)	20.3.42
Todesursache (Bei gewaltsamem Tod Art und Weise und Ursache, bei Unfällen auch, ob Berufs- oder Betriebsunfall: a) Grundleiden? b) Begleitkrankheiten? c) Nachfolgende Krankheiten? d) Welches der genannten Leiden hat den Tod unmittelbar herbeigeführt?)	Genickbruch
sämtl. Vornamen (Rufname unterstreichen) und Familienname (bei Frauen auch Geburtsname)	Kasimier Rutkowski
Beruf (Berufsstellung selbständig, Angest., Gehilfe, Arbeiter, Stants- oder Gemeindebeamter, Gewerbe oder Betrieb, in dem der Verstorbene tätig war.	Landarbeiter
Geburtstag und -Ort (Kreis) (Geburtstandesamt und Nr. des Geburtsregisters / Geburtenbuches	9.3.24 Warschau
Religion — Muttersprache (b. Kindern, die noch nicht sprechen, des Vaters bzw. der Mutter)	r.kath. Polnisch
Staatsangehörigkeit	Generalgouvernement
Wohnort und Wohnung	Warschau, Dzielnica-Grochow, Paca 10, zul. Hütting bei Wagner
Familienstand	ledig, ~~verheiratet~~ , ~~verwitwet geschieden~~
Heiratsstandesamt und Nr. des Heiratsregisters / Familienbuches	
sämtliche Vornamen (Rufname unterstreichen) und Familienname (bei Frauen auch Geburtsname), Beruf; bei überlebd. Ehefrau: Geburtstag	./.
Wohnort und Wohnung	./.
Vor- und Familiennamen der Eltern des Verstorbenen sowie ihr Wohnort	Apolinary u. Katarzyna R. geb. Potentas, wohnh. Warschau, Pacastrasse 10
Kinder (Zahl) aus der letzten Ehe.	a) lebende groß. minderj. K.; darunter ehel., unehel. adopt. K. b) gestorben sind Kinder
Wer hinterbleibt, falls Ehegatte oder Kinder nicht mehr am Leben oder nicht mehr vorhanden? (Anschrift dieser Person)	Schwester: Janina Rutkowski, wohnh. Warschau bei den Eltern.
Ist ein Testament vorhanden und wo befindet es sich?	Nein — Ja — Amtsgericht Wohnung
Höhe der Hinterlassenschaft	nicht bekannt
Bezog der Verstorbene — der Ehegatte der Vater Versorgungsgebührnisse von einem Versorgungsamt?	nicht bekannt

Ranner , Krim.Kommissar.

Form.-Nr. 1450 Schriftliche Anzeige über einen Sterbefall gemäß §§ 34 u. K. des P.St.G.

Amtliche Todesanzeige für Kazimierz Rutkowski, unterschrieben von Sebastian Ranner, Kriminalkommissar bei der Gestapo in Regensburg

„Auf dem Schulweg riefen sie ‚Polak‘ hinter mir her…"

Jozef Trzeciak, hingerichtet am 8. Mai 1942 in Zachenberg, Landkreis Regen

„Ich fühle mich hintergangen. Ich kann keine Lügen vertragen", sagt Rosa Trettin, die Tochter von Jozef Trzeciak bitter. Sie versteht nicht, warum ihr nie die ganze Geschichte ihrer Eltern erzählt wurde. „Mir kann man die Wahrheit ins Gesicht sagen, auch wenn es noch so schlimm ist." Zumindest als sie erwachsen war, hätte sie erfahren müssen, was geschehen war. „Man weiß doch, wenn man älter ist, was das damals für Zeiten waren."

Nur sehr wenige Kinder „verbotener Liebe" sind bereit, über sich und ihre Eltern zu sprechen. Anders Rosa Trettin, die heute in Nordrhein-Westfalen lebt. Sie ist auf dem Bauernhof aufgewachsen, auf dem sich ihre Eltern kennengelernt hatten. Dort bekam sie nach Ende der NS-Diktatur schon auf dem Schulweg zu hören, dass ihr Vater Pole war. „In der ersten Klasse haben die Jungs hinter mir gerufen ‚Polak, Polak‘. Ich hab dann zugehauen, da hat es Prügel gegeben, denn ich fühlte mich angegriffen, die können ja nicht alle hinter mir her schreien ‚Polak‘. Dann war wieder mal eine Zeit lang Ruhe, bis ich die vielleicht mal wieder geärgert habe, dann kam wieder der ‚Polak‘."

Jozef Trzeciak lernte Rosa Trettins Mutter auf einem Bauernhof in Leuthen, einem kleinen Ort in der Gemeinde Zachenberg im Landkreis Regen kennen. „Ich weiß, dass er erhängt worden ist. Ich weiß aber nicht genau, wo", sagt Rosa Trettin beim ersten Telefonat. Die Wahrheit hörte sie nach und nach, und vieles von Personen, die nicht zur Familie gehörten. „Das ist ja das Schlimme, also ich wusste nur, dass ich von einem Polen bin, aber mehr nicht. Ich wusste nicht, dass der auf dem Hof gearbeitet hat. Es hat mir niemand gesagt, so und so war das, und ich habe auch nicht gefragt."

Im Jahr 2002 starb ihre Mutter hochbetagt. Rosa Trettin weiß, dass ihre Mutter im KZ Ravensbrück inhaftiert war, dass sie dort in der Küche arbeitete und es ihr in Anbetracht der widrigen Umstände relativ gut ging. Für die Tochter ist es aber bis heute unverständlich, warum ihr die Mutter nie die ganze Geschichte erzählte. Sie wollte die heile Welt, die sie sich aufgebaut hatte, nicht in Frage stellen, sagt die Tochter. Heute ist Rosa Trettin davon überzeugt, dass sich ihre Eltern geliebt haben. „Das war Liebe. So wie ich es von den Erzählungen her empfunden habe, war es eine Liebesbeziehung!" Den Namen ihres Vaters erfuhr sie zwar vom Jugendamt, doch dann vergaß sie ihn wieder. Ihre Mutter noch einmal zu fragen, wagte sie nicht.

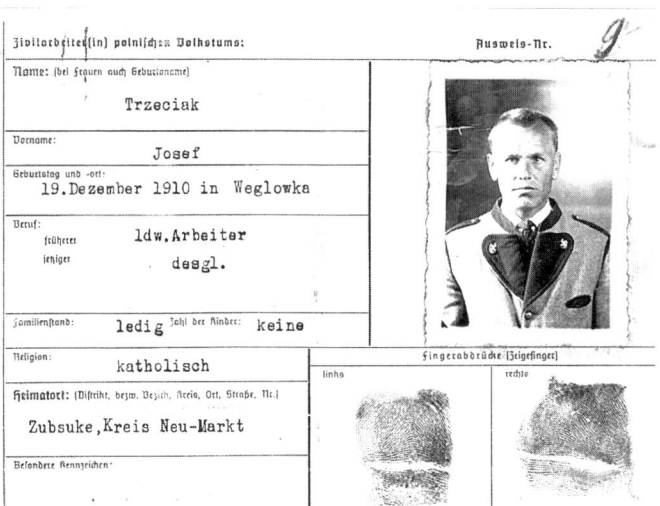

Arbeitsausweis des „Zivilarbeiters" Josef Trzeciak aus Polen

Bei ihrer Vernehmung durch die Polizei berichtete die Mutter von Rosa Trettin am 21. Juli 1954, was geschehen war: „Glaublich im Jahre 1940 kam zu meinen Großeltern der polnische Zivilarbeiter Josef Trzeciak als landwirtschaftlicher Arbeiter. Nachdem dieser etwa ein halbes Jahr bei uns war, habe ich schon gemerkt, dass er mich gern sieht und mir auf Schritt und Tritt nachgeht. Wie lange es gedauert hat, das kann ich nicht angeben, da kam es zwischen uns hin und wieder zu Liebkosungen." Regelmäßig kam Jozef dann nachts in ihr Zimmer, schließlich wurde die junge Frau schwanger. Zuerst erzählte sie es ihrem Freund in einer der gemeinsamen Nächte. Der war schockiert. „Ich viel Schreck – werde erschossen", soll Trzeciak in gebrochenem Deutsch gesagt haben. Das Paar war verzweifelt. „Ich weinte, er weinte auch", schilderte die junge Frau diese Situation am 9. August 1941 bei der Vernehmung durch die örtliche Polizei. Eine ärztliche Untersuchung ergab, dass die 16-Jährige im dritten Monat schwanger war. Der Pole wurde angezeigt und das Paar verhaftet.

Maria Engl, eine Augenzeugin von damals, die heute noch lebt, kam gerade von der Schule heim, als ein Polizist die junge Frau abführte. „Die Schürze hat sie umgebunden gehabt und die Holzschuhe an, grad so, wie sie war, hat sie mit müssen, und geweint hat sie!" Maria Engl deutet auf ihre Enkelin, die gerade zu Besuch ist. „Da war ich ungefähr so alt wie sie. Das geht mir heut noch nach!"

Der Polizist brachte die Mutter von Rosa Trettin in das nahe Ruhmannsfelden, wie sie am 26. September 1953 aussagte: „Dort wurde ich durch einen Gendarmerie-Meister vernommen. Dieser sagte mir, dass der Pole Trzeciak bereits alles zugegeben habe und ich solle ebenfalls die Wahrheit sagen. Dies habe ich dann auch getan […]. Von Ruhmannsfelden wurde ich am folgenden Tag nach Deggendorf in das Gefängnis eingeliefert. Es war dies am 9. August 1941. Nachdem ich etwa drei Monate in Deggendorf einsaß, wurde ich zur

Entbindung entlassen. Ich habe bei meinen Großeltern in Leuthen entbunden und am 9. Januar 1942 ein Mädchen, das den Namen Rosa bekam, geboren. Hier habe ich auch durch meine Großeltern erfahren, dass Trzeciak am gleichen Tag durch einen Gendarmerie-Meister und einen Hilfspolizisten vom Felde weg festgenommen wurde. Soviel mir meine Großeltern sagten, wurde der Pole auf dem Felde bereits fürchterlich geschlagen. Im Juli 1942 wurde ich wiederum festgenommen und durch einen Gendarmeriebeamten nach Deggendorf eingeliefert. In Deggendorf mag ich vielleicht etwa sechs Wochen eingesessen sein, dann wurde ich mit Sammelschub nach Regensburg gebracht. Hier saß ich nur etwa 14 Tage ein und wurde dann mit Sammelschub in das KZ-Lager Ravensbrück eingewiesen. Da ich noch jugendlich war, kam ich in das Nebenlager Uckermark, von wo ich im Juli 1944 auch entlassen wurde […]. Während der Zeit, in der ich nach der Entbindung noch in Leuthen war, wurde der Pole Trzeciak bei Zachenberg aufgehängt. Zuerst sollte er im Anwesen meines Großvaters gehängt werden. Dies hat jedoch der damalige Bürgermeister verhindern können. Ich habe von diesen Leuten, die den Polen gehängt haben, niemanden gesehen."

Jozef Trzeciak war 32 Jahre alt, als er am 8. Mai 1942 in Leuthen in der Gemeinde Zachenberg erhängt wurde. Zur Hinrichtung erschien der Kreisleiter der NSDAP aus Cham, Xaver Schlemmer, mit seinem Stab. Der damalige Leiter der Polizeistation Viechtach schilderte in seiner Vernehmung am 25. September 1953 die Hinrichtung. „Bevor ich zur Gendarmeriestation kam, sah ich durch Ruhmannsfelden einen Lkw mit einem Hinrichtungsgegenstand (Galgen) und einem Sarg fahren. Im damaligen Dienstzimmer war bereits der Delinquent mit einem Beamten der Gestapo anwesend. Der Ostarbeiter rauchte Zigaretten, und ich fragte den Beamten, ob der Delinquent wisse, dass er hingerichtet wird. Er sagte, das wisse er nicht, aber er könne es sich denken, weil er wieder nach Ruhmannsfelden gebracht worden sei. Bald danach wurde der Ostarbeiter zur Hinrichtungsstätte geführt. Anschließend begab ich mich zur Hinrichtungsstätte, die sich ca. 300 Meter westlich von Zachenberg befand. Als ich dorthin kam, war der Galgen schon aufgestellt und der Delinquent stand dabei [...]. Hierauf musste der Delinquent das Gerüst betreten und zwei Häftlinge vom KZ Flossenbürg legten ihm die Schlinge um den Hals. In diesem Moment wandte ich mich um, weil ich die Hinrichtung nicht sehen wollte. Als ich mich später umdrehte, sah ich den Polen am Galgen hängen. Ein Arzt ging zum Gehängten und stellte den Tod fest."

Rosa Trettin will jetzt wissen, wo dieses Verbrechen an ihrem Vater verübt wurde. „Ja, wenn Sie mich nicht angerufen hätten, hätte das geschlummert, bis ich gestorben wäre. Jetzt will ich es wissen, jetzt will ich auch den Baum wissen in Zachenberg." Seit ihre Mutter tot ist, kommt Rosa Trettin fast gar nicht mehr in ihre Heimat. Ihr geht es in Nordrhein-Westfalen gut und dort fühlt sie sich freier als in Bayern. „Ich sage, der Bayerische Wald ist ja ganz schön, aber je weiter ich weg bin, desto besser geht es mir."

Nach der Rundfunksendung „Verbrechen Liebe" vermittelte eine alte Schulfreundin Rosa Trettin einen Zeitzeugen, der wusste, wo ihr Vater hingerichtet worden war. Sie war konsterniert: Ihr Vater wurde an einem Waldrand in der Nähe des Bauernhofes hingerichtet, auf dem sie aufgewachsen ist, quasi vor ihrer einstigen Haustür. Sie kann keinen Frieden mit dieser Geschichte machen. „Ich bin immer noch sehr wütend, weil mir niemand die Wahrheit gesagt hat."

„Der hat sich nicht mehr gerührt!"

Florian Skupien, hingerichtet am 14. Juli 1942 in Ober-lauterbach, Landkreis Landshut

Geduckt im Unterholz verfolgte Hans Datzmann aus dem nahen Wildenberg in gebührendem Abstand das Geschehen. Der 16-Jährige hatte sich an diesem 14. Juli 1942 sein Fahr-rad genommen und war gemeinsam mit einem Freund in den Wald gefahren. Er hatte gehört, dass dort Florian Skupien hingerichtet werden würde. Damals fühlte er sich als tole-rierter Zaungast, berichtet der ältere Herr aus Wildenberg heute. „Zu uns hat niemand gesagt, dass wir nicht zuschauen dürfen." Der Augenzeuge kannte das Opfer flüchtig, weil der Pole manchmal in die Werkstatt seines Vaters gekommen war, um etwas abzuholen.

Der Hopfenanbau prägt die Landschaft in der niederbay-erischen Hallertau. Vorbei an den hoch aufragenden Hop-fenstangen führt der Weg in einen Wald am Breitackerberg bei Oberlauterbach, Gemeinde Pfeffenhausen. Hier starb Florian Skupien. Das Foto in seinem Arbeitsausweis zeigt den jungen Polen, der nur 20 Jahre alt wurde: dunkle Haare, fast schwarze Augen, ein ernster Blick.

Florian Skupien stammte aus Rokietnica, einem kleinen Ort bei Posen. Am 1. März 1940 war Florian Skupien als landwirtschaftlicher Arbeiter auf einen Bauernhof in Ober-lauterbach gekommen. Er wurde „wegen des Verbrechens der versuchten Notzucht und unzüchtiger Handlungen an einer Frauensperson" hingerichtet. Dies gab der Polizist, der gegen Skupien ermittelt hatte, 1953 zu Protokoll: „Es hat eine Anzeige vorgelegen, und ich habe diese weisungs-gemäß an das Landratsamt Rottenburg weitergegeben." Schließlich habe sich die Gestapo des Falles angenommen.

Es ist nicht eindeutig zu klären, wer die Anzeige erstattete. Genauso wenig ist klar, was zwischen dem 20-jährigen Polen und einer 18-jährigen Magd, die auf dem gleichen Hof arbeitete, wirklich vorgefallen war. Von einer versuchten Vergewaltigung konnte auf jeden Fall keine Rede sein. Das bestätigte die Frau nach dem Krieg: „Gewalttätig ist der Pole nie gegen mich gewesen, er hat immer nur gesagt, dass er mich lieben möchte." (Aussage vom 20.4.1953) Die Gestapo in Regensburg und das Reichssicherheitshauptamt in Berlin entschieden auf Hinrichtung.

Florian Skupien wurde nach seiner Verhaftung am 8. Oktober 1941 über die Gefängnisse Landshut und München nach Straubing und am Tag vor der Hinrichtung nach Regensburg gebracht. Von dort nahm ihn die Gestapo mit auf seine

Ankunft von Zwangsarbeitern auf dem Bahnhof in Rottenburg an der Laaber 1940/41. Auch Florian Skupien kam wahrscheinlich hier an.

letzte Reise. Kriminalkommissar Sebastian Ranner von der Gestapo Regensburg hatte bereits im Vorfeld eine geeignete Stelle ausfindig gemacht, das abgelegene Waldstück bei Oberlauterbach. Vollstreckt wurde die Hinrichtung von einem Exekutionskommando aus dem KZ Dachau.

In der Regel wurden in Dachau Häftlinge, die im Krematorium eingesetzt waren, unter Führung des SS-Oberscharführers Theodor Bongartz zu diesen Hinrichtungen herangezogen. Bei der Exekution von Florian Skupien waren unter den Häftlingen: Karl Zimmermann, ein Kapo aus dem Krankenrevier, und der Lagerälteste Karl Kapp. In seiner Vernehmung vom 24. April 1953 schilderte Zimmermann selbst den Ablauf der Mord-Aktion: „Bei der Lagerausfahrt luden wir den Galgen und einen Sarg auf den Lkw. Unsere

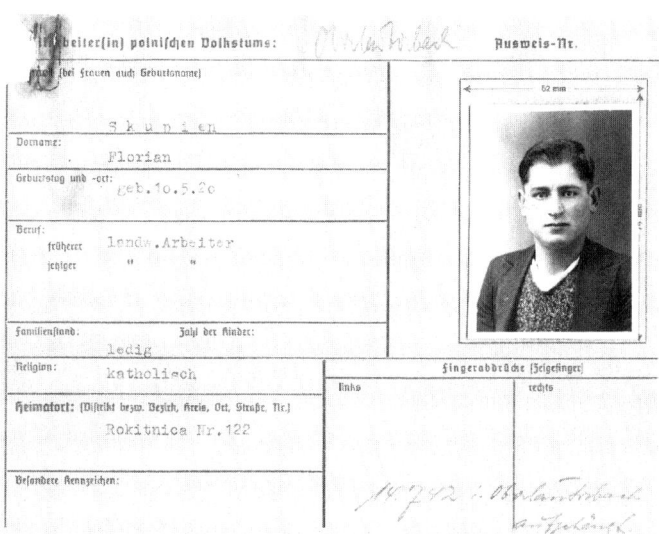

Arbeitsausweis von Florian Skupien mit dem handschriftlichen Vermerk „14.7.42 in Oberlauterbach aufgehängt"

Fahrt führte dann nach Wildenberg im Landkreis Rottenburg. In Wildenberg wurde vor der Polizeiwache Halt gemacht und ein Begleiter verhandelte mit einem Polizeibeamten. Im Anschluss fuhren wir in einen in der Nähe gelegenen Wald und mussten den Galgen aufstellen. Später kamen die Gestapo-Beamten in Personenwagen und brachten einen Häftling mit, welcher gefesselt war."

Für Karl Zimmermann war es die erste, aber nicht die letzte Hinrichtung, an der er teilnahm. Die Zwangsarbeiter aus den umliegenden Ortschaften kamen, von Polizisten begleitet, zu Fuß oder wurden mit Pferdefuhrwerken gebracht, berichtet Hans Datzmann. Auch lokale Politprominenz war anwesend: Der Kreisleiter der NSDAP kam mit seinem gesamten Stab, zudem waren etliche Ortsbauernführer und Bürgermeister zugegen.

Hans Datzmann aus Wildenberg hat die Szene immer noch vor Augen: Florian Skupien wurde über drei hölzerne Stufen auf ein Podium geführt. „Zwei Männer legten ihm die Schlinge um den Hals, dann hat es geheißen: ‚Das Todesurteil wird jetzt vollstreckt!' Die Männer, die ihm den Strick um den Hals gelegt haben, sind runter vom Podium. Einer hat dann mit einem Haken eine Halterung weggezogen. Dann ist der dran gehängt. Dann ist einer auf das Podium gestiegen, hat ihm die Fesseln aufgemacht, hat die Hände auseinander und hat an den beiden Händen gezogen, mit einem Ruck, dann war Ruhe, der hat sich nimmer gerührt, gar nichts mehr!"

Die Angaben der Augenzeugen decken sich. Auch Karl Zimmermann beschrieb, was er und Karl Kapp zu tun hatten: „Nachdem das Urteil verlesen war, musste der Delinquent auf ein Podest des Galgens steigen. Glaublich Kapp legte ihm die Schlinge um den Hals und nachdem wir den Auftrag bekamen, zogen wir das Podest unter den Füßen des zu Hängenden weg. Nachdem dann vom Arzt, der aus Dachau mitkam, der Tod festgestellt wurde, versammelten sich um den Galgen die in der dortigen Gegend beschäftigten

Fremdarbeiter. Außerdem mussten wir, Kapp und ich, den Gehängten entkleiden und in den Sarg legen: Nach der Rückkehr von der Hinrichtungsstelle fuhren wir zu der Brauerei in Wildenberg. Dort kehrten die Gestapo-Beamten und unsere Begleiter ein, während wir auf dem Wagen zurückblieben und auf unser Begleitpersonal warteten. Nachdem diese nach etwa einer Stunde wieder zurückkamen, fuhren wir direkt nach Dachau."

Damals verließ er mit seinem Freund sofort nach der Hinrichtung den Tatort, erzählt Hans Datzmann, der nicht gern über das schreckliche Erlebnis spricht. Wie haben die Leute damals reagiert? „Die haben gesagt, das hätten sie nicht hier machen müssen, dass hätten sie auch im Zuchthaus machen können."

„Der Pole machte einen standhaften Eindruck"

Jan Czapraga, hingerichtet am 28. Juli 1942 in Winnberg, Landkreis Neumarkt

Es regnete und stürmte am 28. Juli 1942, als Jan Czapraga in Winnberg, Gemeinde Sengenthal im Landkreis Neumarkt, hingerichtet wurde. Der Regensburger Gestapo-Mann Sebastian Ranner, der die Exekution leitete, sprach deshalb in einer seiner Vernehmungen von „dramatischen Umständen". Er selbst sei erst in letzter Minute an der Hinrichtungsstätte eingetroffen, weil er in der Polizeistation Deining das beteiligte deutsche Mädchen noch verwarnen musste.

Im Zentrum des kleinen Ortes steht eine Kapelle. In der Nähe dreht sich ein großes Windrad. Das Dorf liegt auf einer Anhöhe über Sengenthal. Johann Vetter führt dort einen Bauernhof mit der Hausnummer Winnberg 1. Der Landwirt weiß, dass Jan Czapraga hier auf dem Hof arbeitete und ganz in der Nähe hingerichtet wurde. Johann Vetter geht mit zum Hinrichtungsort. Der ist etwa 150 Meter von dem Anwesen entfernt und liegt unmittelbar am „Gangsteig", dem Fußweg, der hinunter nach Sengenthal führt. Damals war die Stelle unbewaldet, heute stehen Fichten hier. In der Familie wurde über die Hinrichtung von Jan Czapraga kaum gesprochen. Erst vor zehn Jahren hat Johann Vetter von Zeitzeugen Einzelheiten gehört.

Auch seine Großmutter wurde 1953 im Zuge der Ermittlungen gegen die Regensburger Gestapo-Leute gehört. Damals war sie 74 Jahre alt: „Der Pole hat gearbeitet und wir waren mit ihm zufrieden. Auf einmal ist ein Polizist gekommen und hat unsere große Magd geholt. Wir haben nichts Näheres erfahren, es wurde gesagt, dass der Pole mit der Magd ein

Verhältnis hatte." Laut der Abschrift des Gefangenenbuches aus dem Gerichtsgefängnis Neumarkt, die sich in den Akten findet, verhaftete die Polizei Jan Czapraga am 23. Juli 1941. Als „Strafentscheidung" ist dort zu lesen: „Verbotener Verkehr mit deutschem Mädl". Laut den Ermittlungen der Nachkriegsjustiz war Czapraga in Neumarkt, Regensburg, Straubing und München inhaftiert, bis er fast genau ein Jahr nach seiner Verhaftung am 28. Juli 1942 in Winnberg hingerichtet wurde. Der am 26. Dezember 1900 geborene Pole war 41 Jahre alt, als er starb.

Das genannte „deutsche Mädl", Jahrgang 1922, kam 1939 als „landwirtschaftliches Dienstmädchen" auf den Hof und wurde später die „große Magd". Sie stellte ihr Verhältnis zu dem polnischen Zwangsarbeiter allerdings anders dar: Sie habe gemeinsam mit einer Polin, die ebenfalls auf diesem Hof arbeitete, in einem Zimmer geschlafen. Einige Male sei Czapraga nachts in die Schlafkammer der beiden gekommen und habe sie, die deutsche Magd, bedrängt. Was sie zu Protokoll gab, würde heute den Tatbestand der sexuellen Nötigung erfüllen. Anzeige habe sie jedoch nicht erstattet, versicherte die Frau in ihrer Vernehmung vom 28. März 1954. Sie äußerte den Verdacht, dass die andere Bedienstete die Ermittlungen ins Rollen gebracht habe, weil sie mit Czapraga „aus irgendeinem Anlass" Streit gehabt habe.

Nach drei bis vier Wochen Haft wurden die Magd und der Pole im Gefängnis Neumarkt gegenübergestellt. Die Magd wiederholte ihre Aussagen und wurde kurz darauf aus der Haft entlassen. Sie habe versichert, unberührt zu sein, eine ärztliche Untersuchung habe aber nicht stattgefunden. (Aussage vom 28. 5.1954)

Wer den Polen angezeigt hat und was sich hier wirklich abgespielt hat, ist nicht mehr zu klären. Der Vater von Johann Vetter war damals Soldat bei der Wehrmacht. Aber sein Onkel half auf dem Hof mit: „Wir hatten den Polen gern", sagte dieser Onkel 1953 bei seiner Vernehmung. Umso schmerzlicher war für die Familie, was dann geschah: „Zu uns kamen einige Herren und sagten, dass der Pole in unserem Hofraum gehängt werde. Meine Eltern und ich waren nicht einverstanden. Ich sagte zu den Herren, dass wir das nicht zulassen werden […]. Sie fuhren dann in das Holz hinunter und haben dort den Polen aufgehängt."

Die Exekution sorgte für Aufsehen in dem kleinen Ort. Neben der Gestapo und dem Kommando aus Flossenbürg, das die Hinrichtung vollzog, kamen hohe Funktionsträger aus der Stadt Neumarkt: der Kreisleiter der NSDAP Johann Neidhardt mit seinem Stab, Landrat Dr. Karl und viele Bürgermeister aus den umliegenden Ortschaften. Auch die polnischen Zwangsarbeiter aus Neumarkt und den Dörfern der Umgebung hatten zu erscheinen, ein Zeitzeuge spricht von 65, einer von 100, ein anderer gar von 200 Polen.

Polizisten hatten den Hinrichtungsort abzusperren. Dennoch gab es Augenzeugen aus dem Dorf. Der Pole sei nicht erstickt, durch den tiefen Fall habe es ihm „das Genick abgedrückt", hörte Landwirt Johann Vetter von dem inzwischen verstorbenen Dorfhirten. Ein damals beteiligter Polizist gab zu Protokoll: „Am Exekutionstag kam am Vormittag gegen 9 - 10 Uhr in Winnberg ein KZ-Kommando mit einem Lastkraftwagen angefahren […]. Auf Anweisung eines Gestapo-Angehörigen stellten die KZ-Häftlinge den Galgen, welchen sie auf dem Lkw mitführten, am Waldrand bei Winnberg auf. Gendarmerie-Beamte aus Neumarkt/Opf. und ich übernahmen nun die Absperrung im Walde, um ein Entweichen der Fremdarbeiter zu verhindern. Ich stand während der Zeit, als die Exekution stattfand, etwa 80 -100 m vom Galgen entfernt im Walde. Die Exekution nahm eine geraume Zeit in Anspruch. Von meinem Standpunkt aus konnte ich wegen der Bäume Einzelheiten der Exekution nicht beobachten […]. Erst nach der Exekution, als der Leichnam des Polen vom Galgen bereits abgenommen war, habe ich mir den Galgen angesehen. Er bestand aus einer Fallbühne und dem Galgenbalken." (Aussage vom 25.6.1954)

NSDAP-Kreisleiter Neidhardt will in Zivil erschienen sein. Neidhardt erklärte nach dem Krieg, dass er erst kurz vor der Hinrichtung davon erfahren und deshalb noch mit Gauleiter Wächtler in Bayreuth telefoniert habe. Am Tatort habe er dann zu den Verantwortlichen gesagt, dass der Gauleiter nicht einverstanden sei. Die Antwort sei gewesen, „da habe der Gauleiter auch nichts zu sagen".

Der Direktor der „Sprengstoffwerke Neumarkt", der sich selbst ein Bild machen wollte, schilderte den Ablauf der Exekution so: „Auf einem freien Platz vor der Ortschaft Winnberg war ein Galgen errichtet und eine Anzahl Herren in Zivil standen in der Nähe. Der Pole, der auf mich einen sehr standhaften Eindruck machte, stand vor diesen Männern und hörte die Klageschrift an. Sinngemäß wurde dem Polen bedeutet, dass er entgegen einer bestehenden Verordnung ein Verhältnis mit einem deutschen Mädchen gehabt habe und diese Tat mit dem Tode bedroht sei. Dies wurde, soviel ich mich entsinne, auf Deutsch und Polnisch verlesen. Anschließend wurde der Pole befragt, ob er sich schuldig bekenne, was dieser mit einem deutlichen ‚Ja' beantwortete. Während dieser Hinrichtungshandlung habe ich den Blick abgewendet." (Aussage vom 26.6.1954)

„Hierauf wurde die Leiche vom Galgen genommen, in den mitgebrachten Sarg gelegt und auf dem Lkw verladen", sagte ein Polizist, der dabei war, am 3. August 1953 aus. Ein anderer Polizist gab nach der Befreiung zu Protokoll, dass er polnische Zwangsarbeiter, die deutsch sprachen, gefragt habe, was ihnen gesagt worden sei. „Dass es jedem Polen so gehe, der mit einer deutschen Frau verkehre", war die Antwort.

Im Regierungspräsidentenbericht für Niederbayern und die Oberpfalz steht am 8. August 1942 lapidar: „In den Land-

kreisen Rottenburg und Neumarkt i. d. Opf. wurde je ein
Pole wegen sittlicher Verfehlungen an deutschen Mädchen
durch Erhängen exekutiert."
Die Magd war zu dieser Zeit nicht mehr in Winnberg. Sie
war drei bis vier Wochen in Haft und wurde danach wieder
auf freien Fuß gesetzt. Offenbar glaubte ihr die Gestapo,
dass sie keine Liebesbeziehung mit dem Polen gehabt hatte. Ihr sei gesagt worden, wenn sie wolle, könne sie nach
Sengenthal kommen und bei der Hinrichtung zusehen. Sie
habe aber gesagt, dass sie „von der ganzen Sache nichts
mehr wissen wolle".

„Eines Tages war Dylag nicht mehr da"

Pawel Dylag, hingerichtet am 27. August 1942 in Rain, Landkreis Straubing-Bogen

„Ich weiß davon überhaupt nichts. Ich habe das noch nie gehört", sagt Robert Ruber, der Bürgermeister von Atting im Landkreis Straubing-Bogen auf die Frage nach der Hinrichtung von Pawel Dylag. Die älteren Leute jedoch wissen Bescheid.

„Das ganze Dorf war durcheinander, das war eine große Aufregung", erinnert sich Marianne Rothammer. Ihr Mann Ludwig Rothammer, von 1970 bis 1994 Bürgermeister des Ortes, erzählt, dass damals nicht nur die polnischen Zwangsarbeiter zur Hinrichtung beordert wurden. Auch die beiden Franzosen, die auf dem Hof seiner Eltern im benachbarten Ort Kagers arbeiteten, ein Maurer aus Paris und ein Bauer aus Le Havre, hatten am Hinrichtungsort zu erscheinen. „Die haben gezittert, als sie heimgekommen sind und blass waren sie!"

Marianne Rothammer berichtet, dass auf dem Hof ihrer Eltern ein serbischer Zwangsarbeiter arbeiten musste, der wie andere Serben im Tanzsaal des Attinger Wirtshauses untergebracht war. Und auch sie wurden „da rüber geführt", sagt sie. Die fremden Männer „in langen Mänteln", die von auswärts kamen, hat sie noch vor Augen. Ihr Bruder, ein Soldat, der gerade Front-Urlaub hatte, war damals Zeuge des Geschehens. „Ich weiß noch, wie er heimgekommen ist, der war furchtbar aufgeregt, entsetzt!", sagt sie und schüttelt den Kopf. Ausgewählt für die Exekution wurde ein kleiner Wald bei der nahe gelegenen Ortschaft Rain, jenseits der heutigen Bundesstraße 8, die von Regensburg nach Straubing führt, „kurz vor der Laber links rein, da, wo die großen Buchen stehen", erinnert sich der Altbürgermeister.

*Pawel Dylag,
Foto aus sei-
nem Arbeits-
ausweis*

Pawel Dylag wurde in den USA geboren – möglicherweise
als Kind polnischer Auswanderer, die dann in der neuen
Heimat doch nicht heimisch geworden und wieder nach
Polen zurückgekehrt waren. Sicher ist: Pawel Dylag, den
die Leute hier Paul nannten, kam als Zwangsarbeiter in ein
kleines Bauerndorf im fruchtbaren Gäuboden. „Das war ein
fescher Kerl, blond, gutaussehend, beliebt", meint Marianne
Rothammer.

Doch dann zeigte ihn ein Landwirt an, weil er seine Frau mit
einem Messer bedroht und vergewaltigt habe. Dylag wurde
am 21. Oktober 1941 in das Gefängnis Straubing eingelie-

fert. Der Polizist, der Dylag verhaftete, erklärte, dass von dem Bauern und einer Frau „der Tatbestand so eingehend geschildert [wurde], dass an der Tat nicht zu zweifeln war". (Aussage vom 4.10.1953)

Und doch bleiben Zweifel. Die Staatsanwaltschaft ging in dem Verfahren gegen die Verantwortlichen der Gestapo Regensburg Anfang der 50er Jahre der Sache nach. Es ergab sich jedoch kein einheitliches Bild. Ein anderer Polizist, der nach der Verhaftung Dylags in Atting stationiert wurde und den Akt der Gestapo zugesandt bekommen hatte, glaubte sich in den 50er Jahren daran zu erinnern, Dylag habe von „einvernehmlichen" Kontakten gesprochen. Eine deutsche Magd, die damals ebenfalls auf dem Hof beschäftigt war, auf dem auch Dylag arbeitete, sagte aus, dass Pawel Dylag schon vor seiner Verhaftung damit geprahlt habe, mit der Bäuerin eine Affäre zu haben. Die beiden hatten ein gutes Verhältnis, so die Magd. „Der war der Paul hinten und der Paul vorn." Die Kriminalpolizei Regensburg kam in ihrem Schreiben an den Untersuchungsrichter vom 31. Juli 1954 mit Verweis auf die Aussage der Magd zu dem Schluss: „Von einem Gewaltverbrechen kann diesen Angaben zufolge keine Rede sein."

Was sich wirklich im Jahr 1941 auf dem Bauernhof zutrug, wird nie mehr zu klären sein. Sicher hatte das Wort des Polen am wenigsten Gewicht. Pawel Dylag wurde hingerichtet. Seine Verhaftung bekam die deutsche Magd nicht mit. „Eines Tages war Dylag auf einmal nicht mehr da." Dylag wurde zuerst in den Gefängnissen Straubing und Regensburg inhaftiert. Schließlich wurde er in das KZ Flossenbürg überstellt. Dort bekam er die Häftlingsnummer 2530. Am 26. August 1942 wurde Pawel Dylag in Rain hingerichtet. Seine Leiche „soll von der Gestapo in eine Anatomie verbracht worden sein", schreibt die Landpolizei-Station Atting in ihrem Bericht vom 23. Juli 1953.

Ein Augenzeuge der Hinrichtung war der damalige Bürgermeister von Atting. „Der Hinrichtung im Rainerwald habe ich abseits zugesehen. Von der Hinrichtung habe ich durch die bei mir beschäftigten beiden polnischen Landarbeiter erfahren. Als ich in den Wald kam, war bereits ein Gerüst aufgestellt. Die Hinrichtung sah ich nicht genau, den Delinquenten aber hernach hängen. Wie die zwei bei mir beschäftigten polnischen Landarbeiter hernach erzählten, soll in dem Kraftfahrzeug der Gestapo noch ein Pole gewesen sein, der bei Deggendorf hingerichtet worden sein soll." Das klingt plausibel, denn genau an diesem Tag wurde ein weiterer Zwangsarbeiter ermordet. Ob dieser die Hinrichtung von Pawel Dylag mit ansehen musste, bleibt unklar. Dass er einen Eindruck davon bekam, was ihm bevorstand, dürfte sicher sein. Sein Name: Stanislaw Strychalski.

„Ich dachte, mein Vater war ein deutscher Soldat"

Stanislaw Strychalski, hingerichtet am 27. August 1942 in Zolling, Landkreis Deggendorf

„Es hat nur geheißen, der ist im Krieg gefallen", sagt der Sohn von Stanislaw Strychalski über seinen Vater. Er ist sofort zu einem Treffen bereit und kommt ohne Zögern aus München in seine ehemalige Heimat nach Niederbayern. Während des Interviews für die Hörfunk-Sendung „Verbrechen Liebe" im Jahr 2003 stellt sich heraus, dass er nicht weiß, wie und warum sein Vater starb. Erst ein halbes Jahr zuvor entnahm er einer beiläufigen Bemerkung eines Onkels, dass sein Vater Pole war. Zum ersten Mal hört er jetzt, dass Stanislaw Strychalski hingerichtet wurde, weil er eine Liebesbeziehung mit seiner Mutter hatte. Der Mann reagiert erstaunlich gefasst. Im Gegensatz zu Rosa Trettin, der Tochter des hingerichteten polnischen Zwangsarbeiters Jozef Trzeciak, ist er nie auf seinen Vater angesprochen worden. Vermutlich, weil er nicht in dem Dorf aufgewachsen ist, in dem sich die Tragödie ereignete. Dass ihm seine Mutter nicht die Wahrheit erzählt hat, versteht der Sohn heute. „Als Kind hätte ich vielleicht nicht damit umgehen können. Womöglich hätte ich das weitererzählt und dadurch Probleme bekommen. Das wollte sie vermeiden." Er hatte sich mit der Erklärung abgefunden, die ihm gegeben wurde. „Ich bin immer davon ausgegangen, dass mein Vater im Krieg gefallen ist." Aber jetzt will er mehr erfahren.

Seine Mutter Maria war die Tochter des Ortsbauernführers in Zolling, Gemeinde Auerbach im Landkreis Deggendorf. Auf diesen Hof kam Stanislaw Strychalski, der aus Kurzelow, einem kleinen Ort zwischen Tschenstochau und Kielce stammte. Der polnische Zwangsarbeiter verliebte sich offenbar in die 20-jährige Tochter des Bauern. Die beiden konnten ihre Beziehung so lange geheim halten, bis die Bauerntochter schwanger wurde.

In diesem Fall ermittelte die Staatsanwaltschaft Deggendorf nach Erhalt eines anonymen Briefs bereits im Jahr 1950. Demnach erklärte der damalige Leiter der Gendarmerie-station Hengersberg, dass der Bauer Stanislaw Strychalski angezeigt hatte, „weil er seine Tochter genotzüchtigt haben sollte". (Aussage vom 17.3.1950) Der beschuldigte Land-wirt wies das jedoch zurück. „Nachdem ich merkte, dass die Sache zwischen meiner Tochter und dem Polen nicht mehr sauber sei, ging ich zur Polizei in Hengersberg, um dort Antrag zu stellen, dass der Pole wegkommen solle. Als ich zur Gendarmerie in Hengersberg gekommen bin, wurde gesagt, dass gegen denselben bereits ein Haftbefehl da wäre und, dass er heute oder am anderen Tage so noch geholt werde. Er wurde dann am gleichen Nachmittag noch geholt. Woher die Gendarmerie von dem Verhältnis zwischen dem Polen und meiner Tochter Kenntnis erhalten hatte und wer die Sache zur Anzeige gebracht hat, kann ich nicht sagen. Ich selber habe die Sache nicht angezeigt." (Aussage vom 28.3.1950)

Die Aussagen sind widersprüchlich. Wer Stanislaw Strychal-ski wirklich angezeigt hat, sei nicht mehr eindeutig zu klären, bilanzierte die Kriminalpolizei Deggendorf. Die Justiz beließ es dabei. Vergewaltigung lag jedenfalls nicht vor, wie die Frau in ihrer Aussage vom 29. März 1950 bestätigte.

Stanislaw Strychalski war 26, seine Freundin 20 Jahre alt. Maria, die man in der Familie noch heute „das Maderl" nennt, wurde von Anfang September bis Mitte November 1941 im Gefängnis Deggendorf inhaftiert. Dann wurde sie wegen ihrer fortgeschrittenen Schwangerschaft entlassen. Nach der Geburt ihres Kindes am 6. Februar 1942 verhaftete die Polizei sie nicht erneut, das KZ Ravensbrück blieb ihr erspart.

Stanislaw Strychalski wurde an einem Waldrand bei Gödert, einem Weiler bei Zolling erhängt. „Wie der Pole aufgehängt worden ist, sind die ganz unverhofft gekommen und wir sollten runter gehen und uns das anschauen, aber ich hab' gesagt: ‚Da gehe ich nicht hin!'", berichtet ein anderer Onkel. „Das Maderl sollte auch runter gehen", sagt seine Frau, „aber die hat sich aus dem Staub gemacht, die ist nach Deggendorf oder nach Hengersberg."

Einige Jahre nach der Tragödie in Zolling hat die Frau geheiratet und in dieser Ehe drei Kinder zur Welt gebracht. Eines davon ist Maria Steinbauer. „Meine Mutter hat den Polen geliebt über alles! Sie ist lange nicht darüber weggekommen!", sagt Maria Steinbauer. Sie war erst zwölf Jahre alt, als ihre Mutter starb.

Was sie über die erste Liebe ihrer Mutter weiß, erfuhr sie von ihrer Cousine Veronika Nehring. Diese berichtet: „Sie hat ihn geliebt. So ist das bei mir rübergekommen." Eines Tages habe die Tante ihr Herz ausgeschüttet und ihr die Geschichte erzählt. Veronika Nehring selbst war damals jung und gerade verliebt. Deshalb hinterließ die Geschichte einen besonders starken Eindruck bei ihr, und sie sagt: „Das verlässt mich nicht mehr."

Ein Blumenstrauß als letzter Gruß

Stanislaw Arciszewski, hingerichtet am 3. September 1942 in Schafberg, Stadt Furth im Wald

„Wir haben ihn vermisst. Er hat uns sehr gefehlt", sagt Maria Arciszewska traurig. „Es war eine große Enttäuschung für uns, dass er nicht zurückgekehrt ist."
Sie war noch ein Kind, als ihr Bruder die Heimat verließ. „Er hat mit mir gespielt. Er war ein guter Mensch. Wir haben ihn geliebt." Ein Landsmann brachte nach Kriegsende

Stanislaw Arciszewski, in polnischer Uniform

die Nachricht, dass Stanislaw nicht zurückkehren werde. Eine offizielle Todesnachricht erhielt die Familie nicht. Jedes Jahr um den 13. November herum lässt Maria Arciszewska eine Messe für ihn lesen. Denn es ist sein Namenstag und etwa am 13. November 1941 kam der letzte Brief ihres Bruders an. Maria Arciszewska ist 80 Jahre alt. Bis zu unserem Telefonat hat sie nicht gewusst, wie und warum Stanislaw sterben musste. Sie denkt noch oft an ihren Bruder und bittet darum, ihr alles zu sagen. „Es ist schwer", sagt sie, nachdem sie die Geschichte gehört hat, „aber immerhin weiß ich jetzt, was passiert ist."

Stanislaw Arciszewski wurde am 3. September 1942 um 9.20 Uhr in Schafberg, einem Dorf bei Furth im Wald, erhängt. Ein einheimischer Augenzeuge, der das Drama miterlebt hat, wehrt ab. „Kein Kommentar", heißt es bei einem Anruf. Er will die Geschichte nicht aufrühren. Der Further Stadtarchivar Werner Perlinger aber weiß Bescheid. Er hat immer wieder Zeitzeugen über diese „unglückselige Geschichte" befragt. Der Pole, den die Leute „Stani" nannten, habe Mundharmonika gespielt und sei sehr beliebt gewesen, hat Perlinger gehört.

Im Frühjahr 1940 kam Stanislaw Arciszewski als Zwangsarbeiter auf einen Bauernhof, auf dem auch eine deutsche Magd arbeitete. Die 21-Jährige brachte am 4. Dezember 1941 im Krankenhaus Furth im Wald eine Tochter zur Welt. „Kurze Zeit nach meiner Rückkehr aus dem Krankenhaus kam eines Tages ein Gendarm von Furth im Wald und verhaftete den Polen", erklärte die Frau später bei ihrer Vernehmung 1953. Die junge Frau hatte ebenfalls bei der Polizei erscheinen müssen: „Ich habe dann zugegeben, dass der Pole Arciszewski der Vater von meinem Kind ist. Diese Angaben wurden dem Polen vorgelesen und er wurde gefragt, ob dies stimmt. Dieser leugnete es." Die Ermittlungen leitete damals ein Kriminalbeamter der Gestapo-Außenstelle im Nachbarlandkreis Markt Eisenstein, der später zum Leiter des Sachgebietes „Sonderbehandlungen, Exekutionen" bei der Gestapo-Leitstelle Regensburg aufstieg.

Der Pole war 29 Jahre alt, als er am 3. September 1942 hingerichtet wurde. Eigentlich hätte er an einem Apfelbaum im Garten des Anwesens, in dem er gearbeitet hatte, erhängt werden sollen. Doch die Bäuerin habe wegen der Kinder auf Knien gebeten, davon abzusehen, berichtet Werner Perlinger. Schließlich wählten die Henker in der Nähe des Hofes ein kleines Wäldchen aus, das nahtlos in die weiten Waldungen um den Cerchov, den dominanten Berg an der deutsch-tschechischen Grenze bei Furth im Wald, übergeht.

Die sogenannte Hochstraße führt nach Schafberg, das östlich von Furth im Wald liegt. Es ist ein uralter Verbindungsweg zwischen Bayern und Böhmen, weiß der Archivar. Stanislaw Arciszewski wurde nicht weit von der heutigen

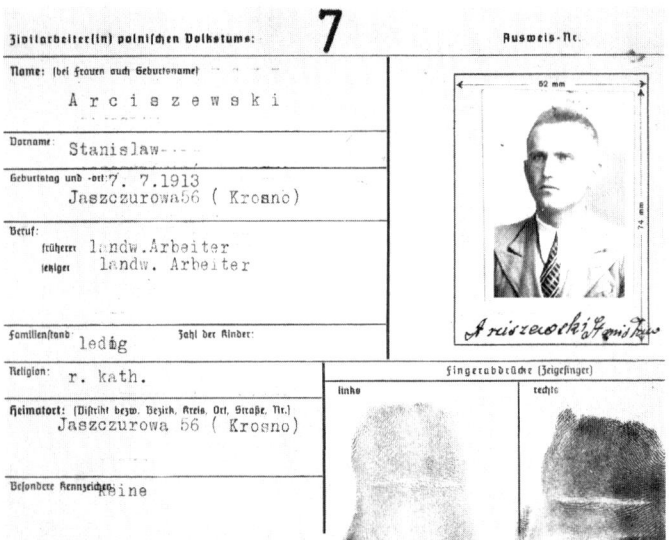

Arbeitsausweis von Stanislaw Arciszewski

Grenze zur Tschechischen Republik erhängt. Werner Perlinger findet den Ort. „Da drin war es! Da, wo die Buchen
stehen", sagt er und zeigt in den Wald.

Was sich hier ereignete, beschrieb der damalige Leiter der
Polizei Furth im Wald 1953: „Nach der Verlesung des Ur-
teils wurde der Pole, der die Hände vorn gefesselt hatte,
auf ein Postament unter dem Galgen geführt. Es wurde ihm
dann von einem der Strick um den Hals gelegt und in dem
Postament eine Fallvorrichtung betätigt, wodurch die Hinrichtung bewirkt wurde."

Als Zeugen vernahm die Polizei in den 50ern auch den verheirateten Hilfsarbeiter Marian Barzak, der aus Warschau
stammte, als Kriegsgefangener nach Deutschland gekommen war und nach dem Krieg hier geblieben ist: „Es war
ein deutscher Soldat da, der an uns eine Ansprache in polnischer Sprache hielt: ‚Der Hingerichtete ist ein Kamerad
von euch. Dieser wurde wegen eines deutschen Mädchens
hingerichtet, mit dem er ein Liebesverhältnis hatte. Dies
soll sich jeder merken, damit keiner in Versuchung kommt,
sich in ein deutsches Mädchen zu verlieben, sonst kommt
dieser auch dran.'"

Werner Perlinger hat von einem Augenzeugen gehört, dass
eine Polin einen Strauß mit Dotterblumen, Margeriten und
anderen Wiesenblumen pflückte und dem toten Kameraden
als letzten Gruß zusteckte. Doch ein Deutscher nahm die
Blumen, schlug das Büschel an einen Baum und warf es
weg, mit den Worten: „Das braucht der nimmer!"

In der Bevölkerung gibt es bis heute Zweifel daran, dass der
Pole wirklich der Vater des Kindes war. Stanislaw Arciszewski
habe bis zuletzt geleugnet, heißt es. Noch unter dem Galgen
soll er mit den Worten „Panna Maria, hilf mir!" die Jungfrau
Maria angefleht und gesagt haben: „Ich war's ja nicht!" Die
Tochter der Bauernmagd aus Furth im Wald hält das für Un-
sinn. Für sie ist eindeutig Stanislaw Arciszewski ihr Vater.

Hart bestraft wurde auch ihre Mutter, die nach dem Krieg ihren Leidensweg selbst schilderte: „Ich wurde eingesperrt und am nächsten Tag mit dem Zug nach Regensburg gebracht. Dort wurde ich zur Gestapo gebracht. Es wurden mir Fingerabdrücke genommen. Ich blieb zehn Tage in Regensburg im Gefängnis. Ohne dass eine Verhandlung stattgefunden hätte, wurde ich in das KZ-Lager Ravensbrück gebracht." Von Ravensbrück kam sie in das Außenlager Neurohlau,

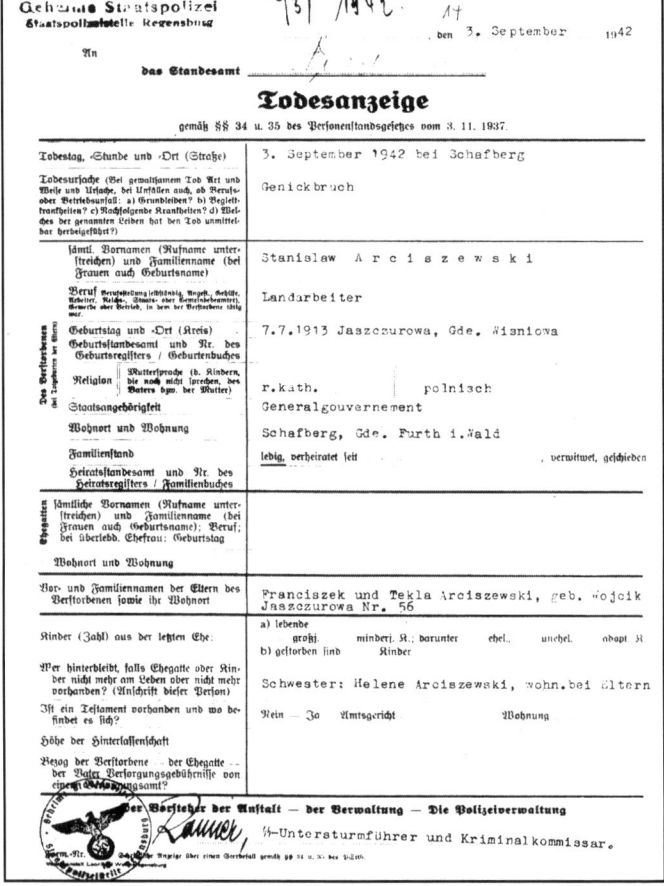

Todesanzeige für Stanislaw Arciszewski

wo sie als „Reichsdeutsche" mit der Haftnummer 52035 registriert wurde. Nach knapp zwei Jahren Haft wurde sie am 4. Dezember 1944 entlassen. Da war ihr Kind drei Jahre alt. Die Frau kehrte wieder auf den Hof zurück, auf dem sie vorher gearbeitet hatte. Glücklich wurde sie nicht mehr. Wie die Bäuerin 1953 berichtete, hatte die Magd erst nach ihrer Rückkehr aus dem KZ Ravensbrück von der Hinrichtung erfahren: „Sie sagte, dass sie dann auch nicht mehr leben wolle, und unternahm sogar einen Selbstmordversuch."

Die Frau war nach der Haftentlassung nicht in der Lage, mit ihrer kleinen Tochter eine normale Beziehung aufzubauen. Für sie sei die Bäuerin die „Mama" gewesen, erzählt die Tochter. „Das muss ihr wehgetan haben, dass ich zu einer anderen Frau ‚Mama' gesagt habe." Als ihre Mutter aus dem Lager zurückkam, sei sie ein gebrochener Mensch gewesen. „Sie hatte immer verweinte Augen."

Im Jahr 1961 ging die Frau in der Karwoche noch zur Osterbeichte, um sich anschließend einige Kilometer weiter in den See des Steinbruchs Sengenbühl zu stürzen und sich das Leben zu nehmen, erzählt der Stadtarchivar. „Meine Mutter hat die Sache nicht verkraftet und dem Ganzen ein Ende gemacht", sagt die Tochter. Sie selbst verließ Furth im Wald, nachdem sie die Volksschule beendet hatte. Zurück kam sie nur noch selten. Inzwischen war sie seit mehr als 40 Jahren nicht mehr im Bayerischen Wald. „Warum sollte ich?", fragt sie. Die Verletzungen sitzen tief. Als Kind wurde sie schon mal als „Polerl" oder „Polak" gehänselt. „Mir wurde einfach nichts gesagt. Ich bin mit Schweigen aufgewachsen." Gefragt, wie sie heute die Geschichte ihrer Eltern sehe, antwortet sie: „Sie haben sich geliebt." Die blonden Haare habe sie vom Vater, die grünen Augen von der Mutter geerbt. Vor allem tue ihr weh, dass sie zu ihrer Mutter keinen Kontakt aufbauen habe können. „Als ich so weit war, auf sie zuzugehen, war es zu spät."

„Die Bevölkerung war empört"

Jakub Janek, hingerichtet am 3. September 1942 in Neuern, Markt Eisenstein (Nyrsko, Tschechische Republik)

Der Fluss Uhlava schlängelt sich ruhig vorbei am Waldtheater in Nyrsko, das nur einige Kilometer hinter der deutsch-tschechischen Grenze liegt. Einige Kilometer weiter hält Karol Velkoborsky mit seinem Jeep. „Hier war es, die Stelle hat mir ein alter Historiker einmal gezeigt", sagt er. Früher war hier ein kleiner Steinbruch. Wenige Meter von der Straße entfernt wurde Jakub Janek erhängt. Der Besitzer des nahen Hauses, der hier einen „Ski servis" betreibt, kommt vorbei. Er hat den Steinbruch vor Jahren zugefüllt. Der Versuch, Zeitzeugen zu finden, scheitert. Nur die Akten sprechen.

Mit der Hinrichtung von Stanislaw Arciszewski in Furth im Wald war für die Henker die Arbeit nicht getan. Sie hatten einen zweiten Todeskandidaten mitgebracht, mit dem sie nach Neuern weiterfuhren, dem heutigen Nyrsko in der Tschechischen Republik. Dort wurde am Nachmittag desselben Tages Jakub Janek ermordet.

Neuern lag damals im Landkreis Markt Eisenstein. Nach der vom Deutschen Reich durchgesetzten Zerschlagung der Tschechoslowakei wurden die Landkreise Markt Eisenstein, Bergreichenstein und Prachatitz dem Regierungsbezirk Niederbayern/Oberpfalz angegliedert.

Jakub Janek war bei einem Gast- und Landwirt in Neuern beschäftigt und hatte eine Liebesbeziehung mit einer Deutschen, die alle Fanny nannten. Sie arbeitete ebenfalls dort, stammte aus Neuern, war ledig und hatte bereits zwei Kinder, die bei Fannys Eltern lebten. Als die Frau erneut schwanger wurde, gab es Gerede. Janek war sich offenbar der Gefahr bewusst und wechselte den Arbeitsplatz, vergeblich. „In dieser Zeit tauchte das Gerücht auf, dass meine Schwester mit dem polnischen Zivilarbeiter ein Verhältnis habe", erklärte Fannys Schwester nach dem Krieg. „Für mich war das eine große Aufregung, weil mich die Leute deswegen auch verachteten."

Am 22. Oktober 1941 brachte die 26-Jährige ein Mädchen zur Welt, das sie Anna nannte. Zu dieser Zeit saß Jakub Janek schon im Gefängnis in Regensburg.

Dr. Karl Schedel, in der NS-Zeit kommissarischer Landrat von Markt Eisenstein, berichtete 1954, „dass der Pole das Mädchen heiraten wollte". Er wisse sicher, dass ein sogenanntes „Eindeutschungsverfahren" für Jakub Janek gelaufen sei. Die Frau selbst äußerte sich in ihrer Vernehmung 1954 wesentlich zurückhaltender. Von Liebe oder einer geplanten Heirat ist da nicht die Rede. Ihr Verhältnis mit Jakub Janek habe sie damals bei allen Vernehmungen geleugnet. „Mir wurde wiederholt gesagt, ich würde dem Janek gegenübergestellt werden, doch es ist nie dazu gekommen. Aus diesem Grunde glaube ich auch, dass Janek niemals den Verkehr zugegeben hat."

Die Magd erklärte, der Vater ihres Kindes sei entweder der Vater ihrer ersten beiden Kinder oder ein Tscheche. Falls sie das tat, um sich und Janek zu schützen, ging die Rechnung nicht auf. Die Kriminalpolizei Regensburg fasste am 6. September 1954 ihre Ermittlungen zusammen. „Vermutlich ist die Angelegenheit seinerzeit dadurch bekannt geworden, dass die Frau einen tschechischen Metzgergehilfen als Kindsvater bezeichnete, der seinerseits vorbrachte, dass sie auch mit dem Polen Janek ein intimes Verhältnis gehabt habe."

Zwei Monate nach der Entbindung wurde die dreifache Mutter verhaftet. Das Neugeborene wurde in ein Heim im nahen Neukirchen beim Heiligen Blut gebracht, die beiden anderen Kinder blieben bei den Großeltern. Nach zwei bis drei Monaten im Gefängnis in Neuern kam die Frau nach Regensburg. Dort verbrachte sie einige Tage in Einzelhaft und wurde dann in das KZ Ravensbrück gebracht. Erst 1945 wurde sie, nach drei Jahren Haft, „kurz vor dem Einmarsch der Amerikaner" aus dem KZ entlassen. Nach der Umsiedlung aus der Tschechoslowakei ließ sich die Frau mit ihren Eltern und den drei Kindern in der Oberpfalz nieder. Dort gab sie beim Vormundschaftsgericht auch für das dritte Kind den Mann als Vater an, der bereits der Vater ihrer ersten beiden Kinder war. Dieser Mann war Soldat und galt seit dem 9. Mai 1944 als vermisst.

Jakub Janek war da schon lange tot. Dr. Karl Schedel erklärte 1954, er habe als Landrat nicht an der Hinrichtung teilgenommen, weil er die Aktion als Mord betrachtet habe, obwohl ihn der Chamer Kreisleiter Schlemmer telefonisch eingeladen habe. „Ich lehnte dies damals bereits am Telefon mit der Begründung ab, dass für mich eine Hinrichtung nur auf Grund eines ordentlichen Gerichtsurteils erfolgen könne und ich diese daher für gesetzwidrig halte." Auch Friedrich Fremuth, der Bürgermeister von Neuern, hatte eine „Einladung". Nachdem ihm der Landrat geraten habe, nicht hinzugehen, sei er der Exekution ebenfalls ferngeblieben.

Die Hinrichtung erfolgte am sogenannten „Bayer-Eck", in der Nähe des Waldtheaters. Ein Assessor des Amtsgerichtes Neuern war Augenzeuge. „Der Pole bat, seinen Vater zu benachrichtigen. Das wurde ihm zugesagt. Anschließend wurde ihm von einem KZler die Schlinge um den Hals gelegt, und zwar so, dass sich der Knoten am Ohr befand. Dann drückte ein KZler auf einen Hebel, dadurch öffnete sich der Boden des Podiums, auf dem der Pole stand, nach unten. Der Pole fiel durch und war, wie ich annehme, sofort tot, da ich keinerlei Zuckungen oder Lebenszeichen mehr bemerken konnte." (Aussage vom 26.5.1954)

Dr. Schedel berichtete, dass ein Mädchen vor dem Galgen einen Blumenstrauß niedergelegt haben soll. Vielleicht hatte er

diese Geschichte von der Hinrichtung Stanislaw Arciszews-
kis in Furth im Wald gehört und im Nachhinein verwechselt.
Möglicherweise aber nahm auch in Neuern eine Polin so
von ihrem Landsmann Abschied. Nach der Exekution hatte
Dr. Schedel für das Landratsamt einen „Stimmungsbericht"
abzugeben. Er habe geschrieben, dass die Bevölkerung
„empört war und auf Seiten des Polen stand".

Jakub Janek wurde 29 Jahre alt. Was nicht in den Akten steht: Er war bereits Vater eines Kindes, als er nach
Deutschland kam. In Polen war er mit einer Frau liiert und
das Paar bekam 1939 einen Sohn: Feliks Grysik. Der Sohn
weiß, dass sein Vater hingerichtet wurde, aber nicht, warum
dies geschah. Feliks Grysiks Nichte hat vor einigen Jahren
versucht, den Hintergründen nachzugehen – vergeblich.

Gefasst hört Feliks Grysik die Geschichte vom Tod seines
Vaters. Dieser war dunkelblond, und die älteren Leute sagten immer, dass er, der Sohn, große Ähnlichkeit mit dem
Vater habe. Feliks Grysik kann sich nur erinnern, dass eines
Tages die Todesnachricht und ein Paket mit den Kleidungs-
stücken des Vaters gekommen waren. Ein Foto seines Vater
besitzt er nicht. Das einzige Erinnerungsstück ist ein Brief
aus Deutschland, in dem sich Jakub Janek nach dem Sohn
erkundigte. Mehr ist Feliks Grysik nicht geblieben.

„Der Mann fiel in das Nichts"

Feliks Haberko, hingerichtet am 16. Oktober 1942 in Bad Abbach, Landkreis Kelheim

Ein traumatisches Erlebnis war die Hinrichtung von Feliks Haberko für Alfons Kraus, den heutigen Archivar der Marktgemeinde Bad Abbach im Landkreis Kelheim. Alfons Kraus war 13 Jahre alt und bei der Hitlerjugend, als der Fähnleinführer einen Teil seiner Gruppe am Vormittag des 16. Oktober 1942 in einen Steinbruch führte. Er ging davon aus, dass er bestraft werden sollte, weil er öfter den Appell der Hitlerjugend geschwänzt hatte. Alfons Kraus hatte keine Ahnung, was ihn in dem Steinbruch erwartete. Umso schockierter war er, als er sah, was dort passierte. „Das war ein grausames Erlebnis und das hat mich für mein ganzes Leben gezeichnet." Der erhängte polnische Zwangsarbeiter war ein hagerer Mann, Schuhmacher von Beruf und ein dunkler, eher südländischer Typ, erinnert sich Alfons Kraus. Im Archiv von Bad Abbach gibt es keine Unterlagen zum Tod von Feliks Haberko.

Der Pole, der am 21. März 1910 geboren wurde und aus dem nördlich von Krakau gelegenen Kreis Olkusz stammte, war 32 Jahre alt, als er von einem Exekutionskommando des KZ Flossenbürg im Auftrag der Gestapo hingerichtet wurde.

Haberko wurde am 13. Mai 1942 verhaftet, zunächst in Regensburg und danach drei Monate im KZ Flossenbürg inhaftiert. Dort galt er als sogenannter Polizeihäftling und trug die Nummer 2419. Ihm wurde vorgeworfen, „jugendliche Mädchen", unter anderem die Tochter seiner Dienstherrin, sexuell missbraucht zu haben. Das gab der Polizist, der die Anzeige an das Landratsamt Kelheim weitergegeben hatte, am 30. März 1953 zu Protokoll. Die Frau hatte den Polen „wegen tätlicher Beleidigung angezeigt", musste ihre Anzeige aber wieder zurückziehen, damit die Gestapo den Fall übernehmen konnte. Das Reichssicherheitshauptamt in Berlin entschied: Hinrichtung. Weiter heißt es in der Aussage des Polizisten: „Nach weiteren 3 oder 4 Monaten erhielt ich vom Landratsamt Kelheim fernmündlich den Auftrag, eine geeignete Stelle zum Erhängen eines Polen ausfindig zu machen und zu melden. Nachdem ich eine solche nicht ausfindig machen konnte, erschien ein Beamter der Gestapo Regensburg, der im Steinbruch nahe der Dantschermühle eine hierzu geeignete Stelle feststellte."

Am 16. November 1942, also ein halbes Jahr nach seiner Festnahme, wurde Haberko hingerichtet. Der damalige Landrat kam nicht zu den beiden Hinrichtungen im Landkreis Kelheim, in Siegenburg und Bad Abbach, da kein Auftrag des Regierungspräsidenten zur Teilnahme vorgelegen habe. Seine Abwesenheit sei „von den Herrn aus Regensburg sehr missfällig aufgenommen" worden. Wegen seiner „Nichtteilnahme" an den Exekutionen sei er aber „dienstlich nicht beanstandet" worden. (Aussage vom 16.8.1954)

Heute ist der Steinbruch, in dem einst Sandstein für den Regensburger Dom abgebaut wurde, zugewachsen. Damals war hier alles kahl, erklärt Alfons Kraus vor Ort. „Es war lediglich da oben auf diesem Abhang eine krumme Föhre, und dort wurde der Strick befestigt. Und als sich diese Exekution ereignete, sprach keiner ein Wort. Es war mucksmäuschenstill, auch kein Raunen hernach, sondern ein ganz wehmütiges und trauriges Hinaufschauen auf den Punkt da oben, wo der am Strick hing, da hing er vielleicht zwei, drei Minuten, bis man sicher war, dass der Tod eingetreten ist, und dann wurde er wieder am gleichen Strick hinaufgezogen."

Alfons Kraus hat die grausame Szene noch heute vor Augen. „Je weiter der Todeskandidat raus ging, umso mehr hat sich das Brett geneigt. Plötzlich ist das nach unten abgesackt und der Mann ist praktisch in das Nichts gestürzt. Das war ein Ruck und dann war der weg. Das Brett ist runtergefallen, das ist dann da herunten gelegen."

Feliks Haberko wurde nach seiner Hinrichtung am Rathausplatz zur Schau gestellt. „Da lag der Gehenkte. Da mussten die Zwangsarbeiter, diese Schar von 50 Leuten vorbeigehen, damit sie sehen, was passiert, wenn sich jemand an einem deutschen Mädchen sittlich vergeht."

„Marzec gab keinen Ton von sich"

Zygmunt Marzec, hingerichtet am 12. November 1942 in Bodenstein, Stadt Nittenau

„Da stand früher eine ganz große Buche, da ist er aufgehängt worden", sagt Albert Zwicknagel aus Bodenstein. Der 84-Jährige ist einer der wenigen alten Leute im Ort, die sich an das Verbrechen erinnern können. Er weiß, wo die Hinrichtung stattgefunden hat. Der Tatort liegt fast zwei Kilometer außerhalb von Bodenstein, das früher zum Landkreis Roding gehörte und heute im Landkreis Schwandorf liegt. Bei dem Forsthaus Richtberg führt ein 300 Meter langer Schotterweg am Waldrand entlang zum Hinrichtungsort.

Zygmunt Marzec wurde am 19. April 1921 geboren und stammte aus Opatkowice, einem Dorf in der Nähe von Krakau. Zygmunt hatte sich bereit erklärt, anstelle seines Bruders Wladyslaw, der frisch verheiratet war, zur Zwangsarbeit nach Deutschland zu gehen, berichtet Zygmunts Nichte Halina Paraniak, die Tochter von Wladyslaw Marzec. Das einzige Foto von Zygmunt, das in der Familie erhalten ist, zeigt den jungen Mann bei Wladyslaws Hochzeit. Einem handschriftlichen Vermerk auf der Rückseite zufolge stammt die Aufnahme vom 8. November 1939. Zygmunt Marcec, der drei Brüder und drei Schwestern hatte, kehrte nicht wieder aus Deutschland zurück.

Am 15. Juni 1942 klingelte bei der Polizei in Nittenau das Telefon. Von der öffentlichen Fernsprechstelle in Bodenstein rief jemand die Polizei an und erklärte, dass Zygmunt Marzec bei der Arbeit im Wald versucht habe, die Tochter des Bauern, bei dem er beschäftigt war, zu vergewaltigen. Ein Landwirt gab an, in der Nähe gearbeitet und Hilfeschreie gehört zu haben. So habe er „die Vollendung des Verbrechens verhindern" können. Die Bauerntochter selber sah den Vorfall weit weniger dramatisch, wie der ehemalige Leiter der Polizeistation Nittenau zu Protokoll gab: „[Sie] ist eine besonders kräftige Person. Sie meinte bei der Einvernahme, dass sie dem Marzec körperlich überlegen wäre und, dass dieser sein Vorhaben nie ausführen hätte können." (Aussage vom 13.7.1953) Dem Beschuldigten Zygmunt Marzec half das nicht. „Ich habe hierauf Marzec festgenommen und in das Gerichtsgefängnis Schwandorf eingeliefert. Die Anzeige habe ich in fünffacher Ausfertigung dem Landrat in Roding, wie es damals vorgeschrieben war, vorgelegt."

„Der war fleißig", erinnert sich Albert Zwicknagel. Er sitzt in seiner Küche, liest die Akten und schüttelt den Kopf. Dass der Pole versucht habe, das Mädchen zu vergewaltigen, glaubt er nicht.

Alle ehemaligen Zwangsarbeiter aus Opatkowice kamen nach der Niederlage Deutschlands in das Dorf zurück, nur Zygmunt nicht, berichtet Halina Paraniak, die heute noch

Zygmunt Marzec (vorne rechts) bei der Hochzeit seines Bruders Wladyslaw 1939

in dem Dorf lebt. Diese Polen brachten die Nachricht von der Hinrichtung ihres Onkels mit. Sie erzählten, dass die Bauerntochter in Zygmunt verliebt gewesen wäre, der junge Pole aber Angst vor den Konsequenzen gehabt hätte.

Was sich auch immer in Bodenstein abgespielt hat: Vom Gerichtsgefängnis Schwandorf brachte die Polizei den nur 21-Jährigen etwa einen Monat vor seinem Tod in das KZ Flossenbürg. Dort trug er die Häftlingsnummer 2271.

Am 12. November 1942 kam das Hinrichtungskommando aus Flossenbürg zur Polizeistation Nittenau. Der Leiter der Nittenauer Polizei war ebenfalls vor Ort. „Marzec war mir vor seiner Festnahme sehr gut bekannt. Am Hinrichtungstage habe ich ihn nicht mehr erkannt, weil er sehr stark heruntergekommen und vollkommen apathisch war. Marzec gab keinen Ton von sich."

Der Bevölkerung blieb nicht verborgen, dass sich am Richtberg Außergewöhnliches abspielte. „Die Polen sind von überall hergetrieben worden. Das war ein großer Aufruhr", erinnert sich Albert Zwicknagel. Er hatte wissen wollen, was da los war und hatte sich auf den Weg dorthin gemacht. Das Gelände war abgesperrt, aber aus der Entfernung konnte er das Geschehen verfolgen. Nach der Hinrichtung des polnischen Zwangsarbeiters konnten sich die Zaungäste dem Ort der Exekution nähern, wurden aber „gleich wieder weitergescheucht". „Der Pole war nicht mehr da", sagt Albert Zwicknagel, aber „der Strick ist noch an dem Baum gehangen".

Für das Hinrichtungskommando war die Arbeit noch nicht getan, berichtete der Polizist aus Nittenau. Auf Effizienz bedacht hatte das Kommando aus Flossenbürg zwei Todeskandidaten mitgebracht. „Die Offiziere bestiegen ihre Pkws und fuhren wieder zum Posten Nittenau, wohin ihnen auch der Lkw folgte. Dort luden sie den zweiten Delinquenten auf. Mit ihm fuhren sie glaublich nach Hengersberg bei Deggendorf." Sein Name: Michal Kycia.

Vergessen und verschwiegen

Michal Kycia, hingerichtet am 12. November 1942 in Zolling, Landkreis Deggendorf

Seine Liebe zu einer niederbayerischen Bauernmagd kostete den polnischen Zwangsarbeiter Michal Kycia das Leben. Gehenkt wurde der Pole am 12. November 1942 in Zolling, Gemeinde Auerbach.

„Hat der nicht Michel geheißen?", entgegnet Xaver Siedersberger auf die Frage nach dem Polen, der auf dem Hof seiner Eltern in Obersteingrub bei Zolling arbeitete. „Das war ein guter Mann!" Der Mord an Michal Kycia ist ihm noch im Gedächtnis: „Die Polen haben da rauf müssen zum Zuschauen", sagt Siedersberger.

Die Staatsanwaltschaft Deggendorf ging auf eine anonyme Anzeige hin bereits 1950 den Hinrichtungen von Stanislaw Strychalski und Michal Kycia nach. Wer Michal Kycia und seine Freundin angezeigt hat, ist nicht klar. Der damalige Leiter der Polizeistation Hengersberg erklärte: „Der Fall kam ausschließlich durch den Polen selbst ins Rollen." Demnach wollte der Pole einen Nebenbuhler, einen deutschen Wehrmachtsangehörigen, nach einer handgreiflichen Auseinandersetzung anzeigen. Der Polizist habe Kycia an den Vorgesetzten des Soldaten verwiesen und so sei die Liebesbeziehung bekannt geworden.

Wurde dem Polen wirklich seine Eifersucht zum Verhängnis, wie die damaligen Polizisten nach dem Krieg aussagten? Auch die Geliebte des Polen, die in das KZ Ravensbrück verschleppt worden war, sagte zwar, sie wisse nicht, wer Anzeige erstattet habe, hielt es aber durchaus für möglich, dass Kycia selbst die Ermittlungen ausgelöst habe. „Er ging dann soviel ich weiß, selber zur Polizei." (Aussage vom 16.3.1950)

Die Familie des Bauern wusste schon länger von dem Verhältnis der beiden, habe aber nichts unternommen. Der Bäuerin habe der Pole zudem erzählt, dass er die Magd heiraten wolle, heißt es in dem Bericht der Kriminalpolizei Deggendorf vom 30. März 1950. Die Magd war geständig und wurde am 17. Dezember 1941 verhaftet. Nach einigen Wochen im Gefängnis Deggendorf wurde sie nach Regensburg überstellt. Dort blieb sie über acht Monate. „Eine Strafe habe ich nicht bekommen. Ende Oktober 1942 kam ich in das KZ Ravensbrück. Dort befand ich mich dann bis zum 15. Februar 1945 in Haft. Der Pole Kycia wurde schon einige Tage vor mir durch die Gendarmerie Hengersberg festgenommen. Dieser befand sich dann auch im Gefängnis in Regensburg. Als ich in das KZ Ravensbrück gekommen bin, soll Kycia auch weggekommen sein. Schon im Gefängnis habe ich gehört, dass er aufgehängt werden solle. Als ich im Februar 1945 vom KZ heimgekommen bin, hat mir Siedersberger gesagt, dass der Pole in einem Wald bei Zolling aufgehängt wurde."

Auch Michal Kycia wurde im Dezember 1941 festgenommen. Nachdem er in Regensburg, München und Straubing inhaftiert war, wurde er in das KZ Flossenbürg eingeliefert. Von dort brachte ihn ein Hinrichtungskommando ein knappes Jahr nach seiner Verhaftung, am 12. November 1942, wieder nach Niederbayern. Er war 27 Jahre alt, als er starb.

Der unscheinbare Waldrand bei Gödert, einem Weiler bei Zolling, hatte sich bei der Hinrichtung von Stanislaw Strychalski bewährt, denn vermutlich genau an derselben Stelle wurde zweieinhalb Monate später Michal Kycia ermordet.

Zu den Amtsinhabern, die diesen Hinrichtungen bewusst aus dem Weg gingen, gehörte seiner eigenen Aussage zufolge der damalige Landrat von Deggendorf. Er gab an, bei beiden Fällen in seinem Landkreis nicht anwesend gewesen zu sein. Die Exekutionen hätten „Empörung unter der Landbevölkerung ausgelöst". (Aussage vom 6.9.1954)

Mit dem Hinrichtungskommando aus Flossenbürg kam vermutlich auch Lagerarzt Dr. Alfred Schnabel zum Tatort. Er bestätigte bei seiner Vernehmung, „zweimal in die Gegend von Deggendorf gefahren zu sein", um den Tod von Hingerichteten festzustellen. (Aussage vom 24.9.1953)

Im KZ Flossenbürg war für diese Exekutionen die politische Abteilung, die Abteilung II, zuständig. Deren Leiter war von 1938 bis 1944 Wilhelm Fassbender. Der ehemalige SS-Mann erklärte, dass er „drei oder vier mal" zu diesen Hinrichtungen mitgefahren ist. Außer ihm kamen noch zwei SS-Leute als Bewacher für die Häftlinge und ein Dolmetscher mit. Wie bei den Exekutionskommandos aus Dachau handelte es sich auch hier um Häftlinge, die in privilegierten Funktionen tätig waren. Einer von ihnen war Kurt Stelzner, Blockältester in einem „Russen-Block", der im Lager „Iwan", aber auch „Iwan der Schreckliche" genannt wurde. Stelzner wurde am 20. Mai 1943 aus dem KZ entlassen und einige Monate als Dolmetscher bei der Gestapo in Regensburg beschäftigt. In den Dachauer Kriegsverbrecherprozessen wurde er am 28. November 1947 zu 20 Jahren Haft verurteilt, aber am 18. April 1954 nach fast fünfeinhalb Jahren wieder auf freien Fuß gesetzt.

Die SS-Leute Schnabel und Fassbender wurden nach der Befreiung nicht verurteilt, wie dem Katalog zur ständigen Ausstellung „Konzentrationslager Flossenbürg 1938 – 1945" der KZ-Gedenkstätte Flossenbürg zu entnehmen ist. Schnabel eröffnete, nach drei Jahren in sowjetischer Kriegsgefangenschaft, 1950 in Köln eine Arztpraxis. Fassbender wurde wegen dieser Hinrichtungen außerhalb des Lagers „außer Verfolgung gesetzt, da ihm ein sicheres Wissen um den verbrecherischen Zweck der Exekutionsbefehle nicht ausreichend bewiesen werden konnte", so die Staatsanwaltschaft Weiden am 21. September 1962. Gegen Fassbender liefen zwei Ermittlungsverfahren, die beide eingestellt wurden. Er arbeitete nach dem Krieg in Köln als Privatdetektiv.

Kind ohne Eltern

**Wladyslaw Belzyr, hingerichtet am 13. November 1942
in Tollbach, Landkreis Kelheim
Anna B., gestorben am 14. April 1944 im KZ Auschwitz**

„Wir mussten hinschauen", erinnert sich Bruno Wilk an die
Exekution von Wladyslaw Belzyr. Darauf habe ein Mann in
schwarzer Kleidung geachtet, der die Hinrichtung geleitet
hat und den Wilk den „Richter" nennt. Der „Richter" war
vermutlich ein Gestapo-Mann aus Regensburg.

Die Abscheu ist dem alten Mann ins Gesicht geschrieben.
Bruno Wilk wird heute noch etwas fahrig, wenn er davon
spricht. Als damaliger Zwangsarbeiter hatte er am Tatort in
Tollbach, Gemeinde Siegenburg, zu erscheinen. Bruno Wilk
sitzt an seinem Küchentisch, seine Frau steht am Ofen. Sie
will nicht am Interview teilnehmen, ergänzt aber immer
wieder die Erzählung ihres Mannes.

Bruno wird er genannt, seit er 1940 hierher nach Kirchdorf im Landkreis Kelheim kam. In Polen habe er Brunek
geheißen, erzählt der alte Mann. Bruno Wilk stammt aus
der Nähe von Krakau und wurde zum Arbeitseinsatz in
Deutschland verpflichtet. Die Fahrt ging über Warschau
nach Straubing. Dort meldete er sich für den Einsatz in
der Landwirtschaft und wurde schließlich mit dem Zug
nach Abensberg geschickt. Ein Landwirt aus Kirchdorf
holte ihn ab.

In Kirchdorf ist er auch nach der Befreiung geblieben. Bei
dem Bauern ging es ihm gut und er hatte gehört, dass „es
in Polen eine Armut gab, dass dich fürchtest", sagt er. Auf
dem gleichen Hof in Kirchdorf war nach ihrer Flucht aus
Schlesien auch Brunos Frau gelandet, die er 1953 heiratete.
Später wechselte Bruno Wilk „zum Bau", weil er dort mehr
verdiente. Mit Hilfe deutscher Freunde hätten er und seine

Frau sich dann das Haus gebaut, in dem sie heute lebten, berichtet der Hausherr nicht ohne Stolz.

Am 12. November 1942 sei abends ein Polizeidiener zu dem Bauern gekommen, bei dem er beschäftigt war, und habe gesagt, dass er am nächsten Morgen um 6 Uhr abgeholt werde. Zehn oder zwölf Polen marschierten dann am Morgen des nächsten Tages, von Polizei begleitet, von Kirchdorf in den Langhaider Forst bei Tollbach. Bruno Wilk hatte von der Verhaftung des Landsmannes gehört, den er auch flüchtig kannte. Als er diesen Polen sah, wusste er, warum die Zwangsarbeiter hier erscheinen mussten.

Wladyslaw Belzyr hatte eine Liebesbeziehung mit Anna B., einer Bauerntochter. Als der Verdacht das erste Mal aktenkundig wurde, vernahm die Polizei die beiden, doch sie leugneten und wurden wieder entlassen. Dann wurde die junge Frau schwanger. Anna B. setzte sich ins Allgäu ab und brachte bei Verwandten ihr Kind zur Welt. Als Vater gab sie Wladyslaw Belzyr an. Dies erfuhr sicher auch der Kriminalsekretär, der bei der Gestapo Regensburg den Fall bearbeitete. Er fuhr nach Kempten, um zu ermitteln.

Der polnische Zwangsarbeiter wurde vom Gefängnis in Regensburg aus gemeinsam mit vier Beschuldigten, die später aus ähnlichen Gründen hingerichtet wurden, am 19. August 1942 in das KZ Flossenbürg überstellt und erhielt dort die Häftlingsnummer 2364. Wiederum drei Monate später brachte ihn das Hinrichtungskommando aus dem Lager zurück nach Tollbach, um ihn zu töten. Das Exekutionskommando brachte einen zweiten Todeskandidaten mit, der am selben Tag nur einige Kilometer entfernt, in Schweinbach, hingerichtet wurde.

Ein Polizist, der damals in Tollbach bei der Exekution von Wladyslaw Belzyr für die Absperrung des Hinrichtungsortes verantwortlich war, schilderte 1953 die Ereignisse. „Ich habe nur gesehen, dass der Pole, der hingerichtet wurde, gefesselt vom Lastwagen gesprungen war. Es wurde ihm dann eine Zigarette angeboten, die er gefesselt geraucht hat. Dann wurden ihm die Handschellen gelöst, weil er seine kleine Notdurft verrichtet hat. Das habe ich so genau gesehen, weil der Lkw von mir nur etwa 100 Meter weg gestanden hatte. Nachdem der Mann seine kleine Notdurft verrichtet hatte, wurden ihm die Handschellen wieder angelegt und dann wurde er an den Galgen geführt." (Aussage vom 28.9.1953)

Ein anderer Polizist gab damals zu Protokoll: „Am 13. November 1942 früh kam von Regensburg ein Lastkraftwagen mit der Galgenvorrichtung. Auf dem Lkw befanden sich der Pole von Tollbach und noch ein weiterer Pole, der anschließend in Schweinbach, Landkreis Rottenburg/Laaber, aufgehängt wurde. Der Pole von Schweinbach verblieb mit einem Gestapo-Beamten auf der Gendarmeriestation Siegenburg […]. Die Hinrichtung wurde von zwei KZlern vollzogen. Mit einem KZler habe ich gesprochen. Der erzählte, dass er Schankkellner von Beruf sei. Ich fragte diesen, warum er dies mache. Er erklärte mir, wenn es wir nicht machen, dann machen es andere. Wir bekommen einen Braten und Wein. Von den Gestapo-Beamten wurde der Urteilsspruch verkündet. Der Pole wurde dabei gefragt, ob er noch einen Wunsch habe. Der Pole sagte: ,Ich bin unschuldig, ich bitte um Begnadigung.' Ich hörte noch, wie der Beamte sagte: ,Nein.' Der Pole wurde nun auf den Tisch geführt, und die beiden KZler haben die Hinrichtung vollzogen." (Aussage vom 30.9.1953)

In anderen Orten wurden die Zwangsarbeiter, die abgeschreckt werden sollten, erst an den Galgen geführt, wenn die Exekution bereits vollzogen war. In Tollbach mussten sie die Hinrichtung mitansehen, berichtet Bruno Wilk. „Zu zweit haben sie den rauf, dann hat er noch eine Zigarette geraucht." Der schwarz gekleidete Mann, der die Aktion leitete, verlas das Urteil und sagte zu den umstehenden Arbeitern, dass es „für jeden Polen, der mit einem deutschen Mädchen was zu tun hat, die Todesstrafe gibt, was anderes

Todesanzeige

gemäß §§ 34 u. 38 des Personenstandsgesetzes vom 3. 11. 1937.

Todestag, -Stunde und -Ort (Straße)	Tollbach	
Todesursache (Bei gewaltsamem Tod Art und Weise und Ursache, bei Unfällen auch, ob Berufs- oder Betriebsunfall: a) Grundleiden? b) Begleitkrankheiten? c) Nachfolgende Krankheiten? d) Welches der genannten Leiden hat den Tod unmittelbar herbeigeführt?)		
Sämtl. Vornamen (Rufname unterstreichen) und Familienname (bei Frauen auch Geburtsname)	Wladyslaw B e l z y r	
Beruf Berufsstellung (selbständig, Angest., Gehilfe, Arbeiter, Reichs-, Staats- oder Gemeindebeamter), Gewerbe oder Betrieb, in dem der Verstorbene tätig war.	Landarbeiter	
Geburtstag und -Ort (Kreis)	10.5.22 Malawa, Kr. Reichshof, Reg.Bez.Lemberg	
Geburtsstandesamt und Nr. des Geburtsregisters / Geburtsbuches		
Muttersprache (b. Kindern, die noch nicht sprechen, des Vaters bzw. der Mutter)		
Religion	r.kath.	polnisch
Staatsangehörigkeit	Gen.Gouv.	
Wohnort und Wohnung	Tollbach, LK. Kelheim	
Familienstand	ledig, verheiratet seit ledig , verwitwet, geschieden	
Heiratsstandesamt und Nr. des Heiratsregisters / Familienbuches		
Sämtliche Vornamen (Rufnamen unterstreichen) und Familienname (bei Frauen auch Geburtsname); Beruf; bei überlebd. Ehefrau: Geburtstag Wohnort und Wohnung		
Vor- und Familiennamen der Eltern des Verstorbenen sowie ihr Wohnort	Andrej Belzyr und Maria B., geb. Basan, wohnh. Malawa Nr. 129	
Kinder (Zahl) aus der letzten Ehe:	a) lebende groß. minderj. R.; darunter ehel., unehl. adopt. R b) gestorben sind Kinder	
Wer hinterbleibt, falls Ehegatte oder Kinder nicht mehr am Leben oder nicht mehr vorhanden? (Anschrift dieser Person)	Bruder: Ludwig Belzyr, Malawa Nr. 129	
Ist ein Testament vorhanden und wo befindet es sich?	Nein — Ja — Amtsgericht Wohnung	
Höhe der Hinterlassenschaft		
Bezug der Verstorbene — der Ehegatte — der Vater Versorgungsgebührnisse von einem Versorgungsamt?		

Todesanzeige für Wladyslaw Belzyr, ausgestellt von der Gestapo Regensburg, hier ohne Angabe einer Todesursache gibt es nicht mehr". Dann bekam Wladyslaw Belzyr, der auf einem Schemel stand, den Strick um den Hals gelegt. „Dann hat einer den Schemel weggestoßen, er war sofort tot."

Natürlich habe ihm die Hinrichtung Angst gemacht, sagt Wilk, aber in der Nazi-Zeit habe man immer Angst gehabt, immer habe die Möglichkeit bestanden, dass man am nächsten Morgen abgeholt werde. Der Bauer, bei dem er arbeitete, meinte es gut mit ihm, weil er ein tüchtiger Arbeiter gewesen sei. Der Bauer habe ihm auch erklärt, dass bei diversem Fehlverhalten die Einweisung in das KZ Dachau drohe. „Der hat mir erst erzählt, dass es Dachau überhaupt gibt." Als sein polnischer Kollege Jozef Sanecki nach Gelsenkirchen in den Bergbau geschickt wurde, dort flüchtete, in der Nähe von Regensburg geschnappt wurde und tatsächlich nach Dachau kam, gab die Bäuerin Bruno Wilk alle acht Tage geräucherten Schinken und ein Brot, damit er ein Paket nach Dachau schicken konnte. Sein Freund überlebte tatsächlich und kehrte nach Polen zurück, berichtet Bruno Wilk und fügt hinzu: „Dem hab ich das Leben gerettet!"

Anna B. kam zuerst in das KZ Ravensbrück, wurde später nach Auschwitz deportiert und starb dort am 14. April 1944. Das Kind, das sie geboren hatte, musste ohne Eltern aufwachsen. Auf dringenden Wunsch der Familie wird darauf verzichtet, den Namen der Frau zu nennen.

Zweierlei Maß

Stanislaw Morawski, hingerichtet am 13. November 1942 in Schweinbach, Landkreis Kelheim

Eine große Brosche trägt Stanislaw Morawski am linken Revers seines Sakkos, die braunen Haare sind ordentlich gekämmt, der Scheitel sitzt. Das Foto in seinem Arbeitsausweis zeigt einen feschen jungen Mann.

„Ich bin als ältester Sohn der Landwirtseheleute Johann und Maria Morawski geboren", berichtet er in seiner Vernehmung. Der biografische Hintergrund ist typisch für die Menschen, die in Polen keine Perspektive sahen und sich für die Arbeit in Deutschland gemeldet hatten. „Ich habe noch zwei Geschwister, die bei der Mutter zu Hause sind. Mein Vater ist bereits verstorben. In Skala besuchte ich sechs Jahre die Volksschule und lernte Lesen und Schreiben. Nach der Schulentlassung war ich bei meinen Eltern zu Hause, bis ich zum Arbeitseinsatz kam."

Stanislaw Morawski kam am 2. Dezember 1939 in der Kreisstadt Rottenburg an der Laaber an und wurde einem Bauern in dem kleinen Dorf Irlach zugeteilt. Morawski vergriff sich an einer 13-jährigen Schülerin der achten Klasse, die sonntags gelegentlich auf dem Hof aushalf. Das Mädchen prahlte in der Schule mit ihren Abenteuern. Daraufhin informierte die Lehrerin die Polizei. Diese Taten beging Morawski aber nicht allein. Beteiligt waren ebenso ein deutscher Knecht und der polnische Zwangsarbeiter Stanislaw Dara.

Der deutsche Knecht wurde wegen der Vorfälle vor Gericht gestellt. Das Amtsgericht Landshut verurteilte ihn zu einer Gefängnisstrafe von einem Jahr und zwei Monaten wegen „eines fortgesetzten Verbrechens der Unzucht mit einem Kinde". Straferschwerend galt, „dass er sich mit einem

Stanislaw Morawski, Foto aus dem Arbeitsausweis

Polen verbündete, um sich an einem deutschen Mädchen geschlechtlich zu vergehen". Nachdem er Einspruch eingelegt
hatte, reduzierte das Gericht die Strafe auf acht Monate Gefängnis. Dabei wurden die drei Monate Untersuchungshaft
angerechnet. Aber auch die fünf Monate Reststrafe musste
der Deutsche nicht absitzen, da er zur Wehrmacht eingezogen
wurde. Nach dem Krieg musste er in vier Monatsraten eine
Geldstrafe in Höhe von insgesamt 200 Reichsmark bezahlen.
Die Haft wurde ihm erlassen.

Die Polen Dara und Morawski wurden in Landshut inhaftiert. Stanislaw Dara bestritt alle Vorwürfe und wurde auch von den anderen Beteiligten entlastet, sodass er am 20. Mai 1942 auf freien Fuß gesetzt wurde. Zugute kam ihm vermutlich, dass er einen „ordentlichen Eindruck" gemacht habe und von seinem Bauern als „besonders fleißiger, ruhiger und anständiger Bursche" bezeichnet worden war. Stanislaw Morawski wurde dagegen als „oft widerspenstig" geschildert und als „frecher und verlogener Bursche" dargestellt, dessen Arbeitsleistungen „nicht immer zufriedenstellend" gewesen seien („Schlussbericht" von Kriminalsekretär Graf, 20.6.1942). Nach dieser Beurteilung durch den Bearbeiter im Sachgebiet „Sonderbehandlungen, Exekutionen" bei der Gestapo Regensburg entschied das Reichssicherheitshauptamt in Berlin: Hinrichtung.

Fünfeinhalb Monate war Morawski inhaftiert, zuletzt als Häftling mit der Nummer 2393 im KZ Flossenbürg. Dann wurde er wieder nach Niederbayern gebracht. Laut seiner Todesanzeige starb er am 13. November 1942 um 11.05 Uhr, genau eine Stunde nach Wladyslaw Belzyr.

Noch am selben Tag stellte der Bürgermeister einen „Leichenpass" aus: „Die nach Vorschrift eingesargte Leiche des am 13. November 1942 zu Wildenberg an Exekution (Hängen) verstorbenen 20-jährigen polnischen Zivilarbeiters Morawski Stanislaus soll mittels Kraftwagen von Wildenberg nach Flossenbürg zur Erd-Bestattung überführt werden. Begleiter der Leiche ist SS-Unterscharführer Strehlau." Somit wurden 1942 innerhalb von vier Monaten im Raum Siegenburg/Rottenburg an der Grenze der Landkreise Kelheim und Landshut drei junge Polen erhängt: Florian Skupien, Wladyslaw Belzyr und Stanislaw Morawski.

In allen drei Fällen ermittelte ein Polizist, den die Amerikaner einem Bericht der Kriminalpolizei Rottenburg/Laaber vom 8. Januar 1965 zufolge aufgrund des Hinweises eines serbischen Kriegsgefangenen an Polen auslieferten. Ob die

ungewöhnlich hohe Zahl von Hinrichtungen auf seinen Er-
mittlungseifer zurückzuführen ist, muss offen bleiben. Als
Freund der Polen hat der ehemalige Zwangsarbeiter Bruno
Wilk den ehemaligen Polizisten jedenfalls nicht in Erinnerung. Er wurde 1948 in Warschau von einem polnischen Gericht zu sechs Jahren Gefängnis verurteilt. Zu verantworten
hatte er sich dort, weil er laut diesem Bericht als Angehöriger

```
Der Bürgermeister der Gemeinde                          Sr.1.
   W i l d e n b o r g.
   ===========================


               L e i c h e n p a s s .
               ===========================


        Die nach Vorschrift eingesargte Leiche des am 13.November 1942

      zu Wildenberg    an Exekution ( Hängen )

      verstorbenen 20=jährigen polnischen Zivilarbeiter


               Morawski Stanislaus


      soll mittels Kraftwagen von Wildenberg nach Kl.Flossenbürg

      zur Erd-Bestattung überführt werden.

      Begleiter der Leiche ist SS-Unterscharführer Strehlau

      Nachdem dies Überführung der Leiche genehmigt worden ist,werden
      sämtliche Behörden,deren Bezirk durch diesen Leichentransport
      berührt werden,ersucht, ihn ungehindert und ohne Aufenthalt weiter=
      gehen zu lassen.


               Wildenberg den 13.November 1942.

                                 Der Bürgermeister.
```

Der sogenannte „Leichenpass" für Stanislaw Morawski

der Feldgendarmerie in Polen im so genannten Warthegau tätig war, wobei nicht erwähnt wird, was ihm zur Last gelegt wurde. Verurteilt wurde er aber auch, weil er bei Hinrichtungen von polnischen Zwangsarbeitern in Niederbayern die Exekutionsstätte abgesperrt hatte. Da ihm in Polen drei Jahre Untersuchungshaft angerechnet worden waren, wurde er am 5. November 1951 wieder entlassen. Nach seiner Entlassung aus der Haft in Polen wurde er wieder in den Polizeidienst aufgenommen. Die Staatsanwaltschaft Landshut stellte 1965 ein weiteres Verfahren gegen ihn nach einer Anzeige der „Vereinigung der Verfolgten des Naziregimes" ein.

In mehreren Zeitungsartikeln hat Konrad Haberberger, heute für die „Bürger- und Umweltliste" im Gemeinderat von Pfeffenhausen, in der „Landshuter Zeitung" auf die drei Hinrichtungen aufmerksam gemacht. Er hat alles zusammengetragen, was er zu diesen Fällen finden konnte. Haberberger wünscht sich einen Gedenkstein zur Erinnerung an die Männer, die in der Nähe seines Heimatortes hingerichtet worden sind. Der Hinrichtungsort von Stanislaw Morawski, der heute direkt an der Bundesstraße 299 von Neustadt an der Donau nach Landshut liegt, wäre dafür geeignet, meint Haberberger. Aber die zuständigen Gemeinden lehnen es ab, es bestehe kein Bedarf. Doch Konrad Haberberger gibt nicht auf. Er will den Gedenkstein jetzt mit Spenden finanzieren.

„Das war ein fleißiger Bursch"

Jozef Bzdzikot, hingerichtet am 25. November 1942 in Kronstetten, Stadt Schwandorf

„Drüberhalb der Bahn, am Degelhügel" wurde der Pole erhängt, schimpft Karl Gradl aus Kronstetten, dessen Eltern ein Gasthaus im Dorf führten. Karl Gradl wurde als Kind Augenzeuge dieses Verbrechens. Das Opfer: Jozef Bzdzikot, geboren am 18. März 1914. Laut einem Bericht des damaligen Landratsamtes Burglengenfeld vom 1. Dezember 1942 war dem Polen „Vornahme unzüchtiger Handlungen an Kindern und Tieren seines Arbeitgebers" vorgeworfen worden.

Industrielle Gebäude prägen das Bild an der Autobahnausfahrt Schwandorf/Wackersdorf. In Richtung Osten führt die Straße nach Wackersdorf, wo in den 1980er Jahren eine atomare Wiederaufbereitungsanlage (WAA) geplant war. Die Abzweigung nach Westen führt direkt nach Schwandorf, und gleich am Stadtrand liegt Kronstetten. Das Dorf gehörte während des Zweiten Weltkriegs noch zum Landkreis Burglengenfeld und ist heute ein Stadtteil von Schwandorf.

„Das war ein fleißiger Bursch", lobt Karl Gradl den großgewachsenen und schwarzhaarigen Polen. Der Bauer, bei dem Jozef Bzdzikot arbeitete, war der NS-Bürgermeister von Kronstetten. Der Mann war aber an der Front und seine Frau bewirtschaftete den Hof allein. Nach Streitigkeiten mit dem polnischen Zwangsarbeiter beschwerte sich die Bäuerin bei der Polizei und Jozef Bzdzikot wurde verhaftet.

Anfang der 60er Jahre hatte sich die Bäuerin in einem Verfahren „wegen Beihilfe zum Mord" zu verantworten. In diesem Verfahren sagte auch der Landwirt Michael Bruckner aus, von 1940 bis 1944 kommissarisch Bürgermeister von Kronstetten. Bruckner erinnerte sich an den Tag, als die Bäuerin die Polizei informierte. Der Anzeige ging eine Auseinandersetzung zwischen der Bäuerin und Bzdzikot voraus, die sich laut Bruckner folgendermaßen abspielte: Bruckner hörte die Bäuerin und den Polen streiten, ging in die Küche und fragte, was los sei. Der Pole antwortete in gebrochenem Deutsch, dass er alle Tage aus derselben Schüssel essen müsse und die Frau die Schüssel nicht ausspüle. Zur Bäuerin sagte der Pole: „Du Sau!", woraufhin die Bäuerin ihm den Putzlampen ins Gesicht schlug. Etwa eine halbe Stunde später fuhr die Frau mit dem Fahrrad ins Dorf. Als sie heimkam, sagte sie: „So, jetzt holen sie ihn, den frechen Krüppel." Bruckner hielt der Bäuerin vor, dass sie nicht zur Polizei gehen hätte müssen, sondern es ihm sagen hätte sollen, er hätte Bzdzikot auch auf einen anderen Hof versetzen können. „Später habe ich von den Nachbarn erzählen hören, dass der Pole, der sich versteckt hatte, von den Gendarmeriebeamten aus seinem Versteck hervorgeholt, verprügelt und mitgenommen worden sei."

Michael Bruckner stellte dem polnischen Zwangsarbeiter in seiner Vernehmung am 7. Dezember 1961 nachträglich ein gutes Zeugnis aus. „Ich kannte ihn nur als fleißigen und anständigen Arbeiter, der auf dem Anwesen arbeitete, als würde es ihm gehören. Er hat auch nie jemand etwas zu Leide getan." In diesem Sinne will er sich 1942 auch einem Gestapo-Mann gegenüber geäußert haben. Diesem habe er auch gesagt, er glaube nicht, dass sich Bzdzikot an der Tochter der Bäuerin vergriffen habe.

Die Bäuerin erklärte in der „Beschuldigten-Vernehmung" am 30. Januar 1963, sie habe bei der Polizei verlangt, dass der Pole „weg" müsse, weil er „frech" geworden sei. Er habe sie geohrfeigt und ihr im Stall den Schwanz einer Kuh ins Gesicht geschlagen. Nachdem Jozef Bzdzikot verhaftet war, musste die Bäuerin noch einmal zur Polizei. Da gab sie auch an, dass der Pole ihre beiden Kinder sexuell belästigt habe und sie ihn im Stall am Hinterteil einer Kuh auf einem Melkschemel habe stehen sehen, allerdings ohne gesehen zu haben, „dass er mit der Kuh etwas gemacht hat". Eine Kriminalbeamtin aus Regensburg habe dann ihre Kinder verhört. „Ich hätte doch nie daran gedacht, dass der Pole deswegen aufgehängt wurde. Den Polen wollte ich einfach von meinem Anwesen herunter haben [...]. Gegen den Polen habe ich doch etwas unternehmen müssen, ich kann mich ja doch nicht von ihm schlagen lassen, das wäre ja noch schlimmer gekommen." Mit der Hinrichtung habe sie nicht gerechnet, betonte die Bäuerin: „Ich hab auf jeden Fall dem Polen nichts hinaufgesagt. Wenn sie mich nicht so traktiert hätten, dann hätte ich überhaupt nichts gesagt."

Die Staatsanwaltschaft Amberg stellte das Verfahren gegen die Bäuerin wegen Beihilfe zum Mord am 11. Februar 1963 ein. Begründung: „Es liegen keine Anhaltspunkte dafür vor, dass die Beschuldigte mit einer Hinrichtung des Bzdzikot rechnete und zu diesem Erfolg wissentlich beitrug." Ein Verfahren wegen Beihilfe zum Totschlag oder Freiheitsberaubung kam nicht mehr in Betracht, da diese Taten bereits verjährt waren, hieß es abschließend.

Bauer Georg Meier, ebenfalls Zeuge in diesem Verfahren, äußerte sich nur positiv über den Polen: „Es hatte jeder Mitleid mit ihm, weil er so ein fleißiger Arbeiter war [...]. Für die Bevölkerung war es direkt ein Aufruhr. Im Ort Kronstetten weiß niemand, warum der Pole aufgehängt worden ist." Der Unmut der Bevölkerung richtete sich gegen die Bäuerin: „Damals hat alles über die Frau geschimpft", erklärte Michael Bruckner.

Jozef Bzdzikot war vom 15. bis zum 30. September 1942 im Gerichtsgefängnis in Schwandorf und dann bis zu seiner Hinrichtung am 25. November 1942 im Gefängnis Regensburg inhaftiert.

Ein Ortsbauernführer, der die Aufgabe hatte, die polnischen Zwangsarbeiter aus seinem Dorf zur Hinrichtung zu bringen, berichtete: „Als Sammelort wurde die Gendarmerie-Station Schwandorf bestimmt, an der ich um 8.30 Uhr mit den Polen zu erscheinen hatte. Zugleich wurde mir mitgeteilt, dass die Hinrichtung um 10 Uhr vormittags bei Kronstetten stattfinde [...]. Kurz nach 10 Uhr kamen von Richtung Schwandorf ein Personenkraftwagen, der mit SS-Offizieren besetzt war, und hinter dem ein Lastkraftwagen gefahren. Auf diesem Lastkraftwagen befanden sich der Pole, der hingerichtet wurde, und einige SS-Männer in Uniform. Die zwei Wagen fuhren an uns vorbei, durch die Bahnunterführung hindurch und bogen unmittelbar hinter der Bahnunterführung nach links in ein kleines Wäldchen ein. Nun wurde die Straße nach Wackersdorf durch SS-Posten abgesperrt. Von unserem Standplatz konnten wir zum Richtplatz, der durch den Bahndamm verdeckt war, nicht hinsehen. Nach etwa einer Viertelstunde wurde uns der Auftrag erteilt, mit den Polen (etwa 50 Personen) zur Richtstätte zu kommen. Wir marschierten nun durch die Bahnunterführung zu dem kleinen Wäldchen links am Bahndamm. Hier war der Waldrand. Hier war der durch Hängen mit dem Strang verurteilte polnische Zivilarbeiter bereits am Querbalken mit einem Strick aufgehängt. Nachdem sich dieser Pole nicht mehr rührte, nahm ich an, dass er bereits tot sei. Ein SS-Offizier ließ die Polen im Halbkreis aufstellen und verlas dann das Urteil und zwar zuerst in deutscher und dann in polnischer Sprache." (Aussage 4.10.1953)

„Nein, ich bin unschuldig!", seien die letzten Worte von Jozef Bzdzikot gewesen, sagte Zeuge Michael Bruckner aus. Kreisleiter Oskar Fürst kam zu spät zur Hinrichtung in den Wald, der seither „Henkerhölzl" genannt wird. „Die Exekution war bereits vollzogen, das heißt, es hing ein Mann an einem Galgen. Links und rechts von dem Galgen standen Männer in gestreifter Sträflingskleidung. Von einem Gendarmerie-Oberleutnant habe ich auf Befragen erfahren, dass das Kommando aus Flossenbürg gekommen sei." Nicht zu

spät kam Karl Gradl. Der gebürtige Kronstettener sah, wie
Jozef Bzdzikot starb. Zum Schluss des Gesprächs bekräftigt
er noch einmal: „Eine Sauerei war das!"

Tod am Zwieselberg

Adam Piersiak, hingerichtet am 29. April 1943 in Zwieselberg, Stadt Zwiesel

Ein halbes Jahr nach dem Tod von Adam Piersiak kam die Mutter des jungen Polen nach Zwiesel, erklärt eine Zeitzeugin. Maria Piersiak wollte wissen, was mit ihrem Sohn geschehen sei, der 20 Jahre alt war, als er in Zwieselberg hingerichtet wurde. Mehr ist heute in Zwiesel über den Besuch der Mutter des jungen Polen nicht bekannt. Aber auch der Tod von Adam Piersiak ist kein Thema. Im Stadtarchiv ist man hilfsbereit, aber Dokumente gibt es keine. Einige Zeitzeugen leben aber noch.

„Das war entsetzlich", sagt Franz Keilhofer. Der 82-Jährige erinnert sich daran, wie ein polnischer Zwangsarbeiter aus dem nahe gelegenen Ort Bärnzell völlig demoralisiert von der Hinrichtung heimgekommen sei. „Der war käsweiß, ganz verstört", ergänzt seine Schwester, Elisabeth Fleischmann. Ihre Mutter habe den Polen damals an der Gartentür vorbeigehen sehen, hereingebeten und ihm Zigaretten angeboten. Elisabeth Fleischmann glaubt, dass ihm die Mutter auch ein „Stamperl" mit selbstgebranntem Hagebuttenschnaps hinstellte. „Das waren arme Hund'", sagt Franz Keilhofer kurz und bündig über die Zwangsarbeiter. Er kannte auch das Opfer der Hinrichtung. „Ja, das war der Adam!" Groß sei er gewesen und schlank, sagt Franz Keilhofer. Ihre Eltern hätten ein paar Jahre am Zwieselberg gewohnt und deshalb immer enge Verbindungen dorthin gehabt, erklären die Geschwister.

Die Exekution von Adam Piersiak in Zwiesel war die letzte Hinrichtung eines polnischen Zwangsarbeiters in Niederbayern und der Oberpfalz in der Nähe seines Arbeitsplatzes.

„Der ist umgebracht worden, weil er mit einer Deutschen ein Verhältnis gehabt hat", sagt Elisabeth Fleischmann. Ihr Bruder ergänzt: „Die Bevölkerung hat das total entsetzt, dass man einen wegen einer Liebschaft aufhängt."

Die Tochter des Bauern, bei dem Adam Piersiak arbeitete, wurde schwanger. Der Vater der jungen Frau zeigte, wie er 1951 selbst aussagte, den Polen daraufhin wegen Vergewaltigung an. Seine Tochter sei „durch einen Unfall fast gelähmt" gewesen. Sie habe erst gewagt, die Geschichte zu erzählen, als sie im sechsten Monat schwanger war. Bei der Geburt des Kindes sei sie gestorben. (Aussage vom 14.1.1951)

Die Erklärung des Polizisten, der Piersiak verhaftete, legt eine andere Sicht der Dinge nahe. Dieser Zeuge erklärte am 26. Oktober 1953: „Als wir Piersiak vom Hof des Bauern abholten, er war gerade beim Düngerausbreiten auf einem nahegelegenen Feld, begann die Tochter zu weinen. Der Pole ging anstandslos mit uns vom Hof nach Zwiesel. Er soll auch sehr fleißig gewesen sein. Den bayerischen Dialekt beherrschte er als Ausländer verhältnismäßig gut. Auf dem Weg nach Zwiesel sagte er sinngemäß folgendes zu mir: ‚Schau, das habe ich nun davon. Ich hab' mich geschunden und jetzt werd' ich gehängt. Sie immer zu mir sagen: ‚Du mich lieben.'"

Von einer Vergewaltigung sei in Zwiesel nie die Rede gewesen, sagt Elisabeth Fleischmann, sie hört das jetzt zum ersten Mal. Auch ihr Bruder glaubt das nicht.

War der jungen Frau die Schwangerschaft peinlich und erzählte sie ihrem Vater deshalb, sie sei vergewaltigt worden? Gab der Vater, um seine Tochter zu schützen, an, sie sei vergewaltigt worden? Hat Adam Piersiak die Bauerntochter vergewaltigt? Der Fall ist nicht mehr zu klären.

Im Stadtarchiv von Zwiesel findet sich das Sterbebild der Frau, allerdings ohne Foto. Sie starb am 13. August 1943 im Alter von 23 Jahren.

Adam Piersiak wurde am 29. April 1943 um 10.53 Uhr am Zwieselberg hingerichtet.

Die Parteiprominenz der NSDAP fuhr zur Hinrichtung, erinnert sich Charlotte Pongratz, die damals als Sekretärin bei der Deutschen Arbeitsfront (DAF) im „Ostmarkhaus", dem Sitz der Kreisleitung in der Bahnhofsstraße in Zwiesel, arbeitete. Auch der Chef der DAF fuhr mit. Allerdings habe ihm ihre Kollegin, Frau Weingärtner, deutlich ihr Unverständnis ausgedrückt. Charlotte Pongratz ist heute noch empört. „Wir haben uns entsetzt, dass die sich da hinstellen und sich das auch noch anschauen."

Der Polizist, der Piersiak festgenommen hatte, war ebenfalls anwesend. Er hatte in den umliegenden Ortschaften wie Bärnzell und Griesbach den Polizeiwachen mitzuteilen, dass sie mit den polnischen Landarbeitern nach Zwiesel kommen sollten.

Möglicherweise war bei dieser Hinrichtung kein Exekutionskommando eines KZ mehr im Einsatz. In der späteren Aussage des Polizisten ist jedenfalls von KZ-Häftlingen nicht die Rede, während bei den Beschreibungen anderer Hinrichtungen die auffälligen, in ihren gestreiften Drillich gekleideten Häftlinge immer genannt wurden. Zivilisten hätten einen Galgen errichtet und ein SS-Offizier das Urteil verlesen. „Im Anschluss an dieses Urteil sagte der SS-Offizier nur noch: ‚Das Urteil wird jetzt vollstreckt.' Hiernach kam noch ein Dolmetscher, stieg auf das Podium und gab noch einmal das Urteil in polnischer Sprache bekannt. Er fragte auch Piersiak, ob er noch einen besonderen Wunsch habe. Die Antwort des Piersiak gab der Dolmetscher auch in deutscher Sprache bekannt: Die Kleider des Piersiak sollten an seine Mutter geschickt werden. Danach sagte der SS-Offizier: ‚Zur Exekution freigegeben.' Jetzt kamen wieder zwei Zivilisten und legten Piersiak den Strang um den Hals. Im Anschluss daran stiegen beide vom Galgenpodium herunter. Der eine von ihnen machte einen Handgriff unter dem Podium. Von einem dumpfen knallartigen Geräusch begleitet, sank Piersiak nach unten, wobei der Tod eintrat." (Aussage vom 26.10.1953)

Elisabeth Fleischmann fährt mit zur Hinrichtungsstätte, die kurz vor dem Ort Zwieselberg liegt. Als Kind musste sie öfter mit dem Rad auf den Zwieselberg fahren, um bei Bauern Milch oder Butter zu holen. „Da hat es mir so gegraust, ich hab' da nicht reingeschaut in das Holz, ich hab mich richtig gefürchtet", sagt sie. Auch heute schaudert es die 74-Jährige noch, wenn sie in den Wald blickt.

In seinem Buch „100 Jahre Zwiesel" berichtet Stadtchronist Adalbert Pongratz auch kurz von der Hinrichtung. Er nennt die Exekution den „größten Exzess, der sich in der Hitlerzeit in Zwiesel ereignete", und bezeichnet sie als das wohl „traurigste Kapitel in der Geschichte der Stadt". Es wurde zwar immer wieder mal davon gesprochen, ein öffentliches Thema aber war das nie, sagt Pongratz. „Das war der Region einfach zuwider", glaubt Franz Keilhofer, „da hat man sich geschämt, dass so etwas passiert ist, das war einfach peinlich."

II.

Tod im Konzentrationslager

„Das war richtige Liebe"

Karol Wolowiec, verhaftet in Lengdorf, Stadt Simbach am Inn, gestorben am 8. November 1942 im KZ Flossenbürg

„Ich bin schon in ihn verliebt gewesen", stellt Berta Hofbauer, geborene Fritz, gleich zu Beginn des Gespräches klar. Die Rede ist von Karol Wolowiec. Der Pole war „ein fescher Kerl", sagt sie 2003 in dem Interview für die Hörfunk-Sendung „Verbrechen Liebe". Der gelernte Friseur, der in Tonia zwischen Wroclaw und Lodz zu Hause war, machte ihr manchmal die Haare. „Die Leute haben ihn recht mögen, weil er so tüchtig war. Das war richtige Liebe."

Die Geschichte spielt in Lengdorf bei Simbach am Inn im Landkreis Rottal-Inn. Karol Wolowiec hatte mit zwei Frauen Liebesbeziehungen, die beide in das KZ Ravensbrück verschleppt wurden. Eine von ihnen war Berta Hofbauer, Jahrgang 1919, die andere Ottilie B., Jahrgang 1920. Berta Hofbauer erzählt ganz offen von ihrer ersten großen Liebe. Ihre Tochter und ihre Enkeltochter hören gespannt zu. So zusammenhängend hatten sie die Geschichte noch nicht gehört.

Karol Wolowiec, geboren am 1. Mai 1917, wurde 1940 vom Arbeitsamt Pfarrkirchen einem Landwirt in Lengdorf als Zwangsarbeiter zugeteilt. Berta Hofbauer besitzt noch ein Foto, das ihren damaligen Freund gemeinsam mit ihr und anderen bei der Feldarbeit zeigt. Der Pole, den sie „Karl" nennt, hatte schwarzes, gelocktes Haar und war muskulös: ein attraktiver Mann. Er wollte Berta Hofbauer heiraten und sie nach dem Krieg mit nach Polen nehmen. Aber sie hätte nicht eingewilligt. „Nein, ich hätte ihn nie geheiratet, ich wollte doch nicht nach Polen. Wegen der Mutter war es bei ihm, weil er die Mutter so gern gehabt hat. Er hat ihr mal ein

Foto geschickt von mir, ja, die Mutter wäre einverstanden gewesen, hat es geheißen, dem Brief nach."

In ihrer Umgebung wurde es misstrauisch registriert, wenn sich die beiden bei der Arbeit näher kamen, erinnert sich die alte Frau aus Niederbayern. Es war Vorsicht geboten. „Wenn wir Holz gefahren haben, haben die Leute geschaut, wo ich sitze, ob ich bei ihm vorne oder ob ich hinten sitze, da haben sie schon Obacht gegeben." Die polnischen Zwangsarbeiter durften nicht mit den Deutschen an einem Tisch sitzen. Das wurde von der Polizei kontrolliert. „Dann hat die Polizei geschaut, wo der Pole sitzt. Dann ist er bei uns gesessen, da hat es geheißen: ,Das geht nicht, der muss weg von den Dienstboten, der muss allein sitzen.'" Sie wusste, dass Liebesverhältnisse von Polen zu deutschen Frauen streng verboten waren und für die polnischen Zwangsarbeiter den Tod bedeuten konnten. Berta Hofbauer schildert erfrischend offen, dass sich die beiden dennoch trafen. Weil sie mit anderen Dienstbotinnen in einem Zimmer schlafen musste, holte sie ihr Freund in seine

Karol Wolowiec (li.), daneben Berta Hofbauer (geb. Fritz) bei der Feldarbeit

Kammer. „Da hat er mich in der Nacht rausgetragen, ganz heimlich, damit mich die anderen Dienstboten nicht gehört haben. Dann hat er mich in sein Zimmer reingetragen. Da war er ganz allein. Um drei in der Früh bin ich dann raus. Ich hab gesagt: ‚Ich muss raus, weil die Bäuerin kommt, die weckt mich auf.' Er hat dann gesagt: ‚Ach, pressiert nicht, warte noch ein bisserl.'"

Doch nach einem halben Jahr wurden beide verhaftet. Der Bauer, bei dem Karol Wolowiec beschäftigt war, erklärte am 10. Juni 1954: „Wolowiec war sehr intelligent, und ich war mit ihm auch zufrieden. Die polnischen Zivilarbeiter mussten sich jeden Sonntag bei der Gendarmerie in Simbach melden. Ich glaube, es war an einem Sonntag im August 1942, an dem der Pole Wolowiec von seinem Meldegang nicht zurückkehrte. Es mag am Abend gegen 17 Uhr gewesen sein, da wurde ich von einem Beamten der Gendarmerie Simbach verständigt, dass Wolowiec wegen Geschlechtsverkehrs mit einer Deutschen festgenommen worden sei." Laut den Akten der Staatsanwaltschaft wurde Karol Wolowiec am 12. Juli 1942 in Simbach am Inn verhaftet. Es war tatsächlich ein Sonntag.

Eine Woche später wurde Berta Hofbauer vernommen. Sie leugnete die Beziehung und durfte wieder nach Hause gehen. Etwa drei Wochen später wurde sie verhaftet.

Der Polizist, der sie festnahm, habe sich unverschämt benommen, echauffiert sie sich heute noch. „Ich habe gerade gearbeitet, da kamen die Beamten auf den Hof. Geschrien haben sie. Der Bauer sagte: ‚Berta, du wirst verhaftet!' Ich fragte: ‚Wegen was denn?' ‚Ja wegen dem Karl.' Ich musste mich dann umziehen, da ist der eine Polizist, der Dreckhammel, mitgegangen. Er hat gesagt: ‚Wären Sie zu mir gekommen, bei mir hätten Sie es auch gehabt.' Was sagst' da? Als Beamter, so etwas zu sagen! Wenn es mir Not getan hätte, hätte ich zu ihm kommen können! Ich hab gemeint, ich muss ihm eine schmieren. Und dann bin ich runter, da war der zweite und dann ins Auto rein und fort."

Ihre Liebesbeziehung mit Karol Wolowiec wurde vermutlich auf Umwegen bekannt. Der Pole hatte zuerst eine andere Freundin, Ottilie B., die aber dann von einem Deutschen ein Kind bekam. Dieser bestritt jedoch, der Vater zu sein. In dem Vaterschaftsprozess wurde Ottilie B. beschuldigt, auch mit Karol Wolowiec „etwas zu haben". Im Zuge der Ermittlungen kam wohl die Liebesbeziehung von Karol Wolowiec und Berta Hofbauer zur Sprache.

Den Gestapobeamten, der sie in Regensburg vernommen hatte, schilderte Berta Hofbauer als einen kleinen untersetzten Mann, der eine kurze Lederhose trug. Sie gestand erst bei einer Gegenüberstellung mit Karol Wolowiec auf dessen ausdrückliche Bitte hin die Liebesbeziehung. „Zuerst wurde ich zum Amtsgericht gebracht und verhört. ‚Nein', habe ich gesagt, ‚ich habe nichts gehabt mit ihm.' Ich werde doch nicht so dumm sein und das sagen. Dann ist er reingekommen. Dann sagten die von der Gestapo: ‚Ja, jetzt, was ist jetzt?' ‚Ja', hat er gesagt, ‚Berta, bitte, sag halt die Wahrheit.' Jetzt habe ich die Wahrheit sagen müssen, habe ich gesagt: ‚Ja.'"

Berta Hofbauer arbeitete in Regensburg in der Gefängnisküche. Hier sah sie auch Karol Wolowiec wieder. „Ich war in der Küche und er hat die Milch herrichten müssen, die große Kanne Milch, und die Aufseherin hat Obacht gegeben. Da sagte er: ‚Berta, es ist nicht schlimm, es ist alles gut.'" Es war die letzte Begegnung des Paares. Nichts war gut.

Laut dem Gefangenenbuch der Strafanstalt Regensburg wurde Karol Wolowiec am 30. September 1942 nach Flossenbürg gebracht. Nach der Aktenlage ist unklar, ob er erhängt wurde. Sicher ist: Er ist am 8. November 1942 im KZ Flossenbürg gestorben. Karol Wolowiec war 25 Jahre alt.

Ottilie B. war bereits am 4. Juli 1942 verhaftet und nach einigen Tagen in das Gefängnis Regensburg eingeliefert worden. Am 13. September wurde sie entlassen, aber sechs Wochen später, am 30. Oktober 1942, schon wieder nach

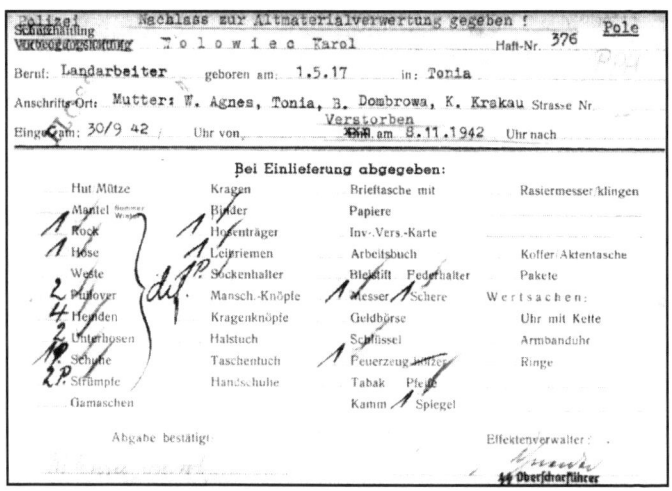

Die für Karol Wolowiec ausgestellte Effektenkarte des KZ Flossenbürg

Regensburg gebracht. Ein Gestapobeamter, der sie sehr gut behandelt habe, habe sie „im Einzeltransport nach Ravensbrück gebracht". Sie wurde dort am 14. Dezember 1942 als politischer Häftling mit der Nummer 15629 registriert.

Berta Hofbauer wurde fünf Tage später „im Sammelschub" nach Ravensbrück transportiert und erhielt die Häftlingsnummer 15747. Die beiden Frauen waren im Lager immer zusammen und wurden Freundinnen. „Nein, da hat es nichts gegeben, wir haben zusammengehalten. Wir haben uns auch gegenseitig gewaschen. Ich hab ihr den Rücken gewaschen, und sie mir." In Ravensbrück wurden die Frauen im Straßenbau und beim Transport von Munitionskisten eingesetzt. Das Lager war sehr groß, die Verhältnisse schlecht. Eines Tages habe eine Aufseherin die Frauen gefragt, ob sie in ein kleineres Lager wollten. Sie hätten es bejaht. Das Ziel war das Außenlager Neurohlau. Dort erging es ihnen besser als

in Ravensbrück. Mit den Aufseherinnen durften sie sogar
an einem Waldrand außerhalb des Lagers spazieren gehen.
Von ihrem Barackenlager aus marschierten sie täglich in
Kolonnen zu der Porzellanfabrik, in der sie in Tag- und
Nachtschichten arbeiten mussten. Berta Hofbauer fiel eines
Tages wegen ihres Hustens auf. Der Direktor schickte sie zur
Lagerärztin, die diagnostizierte, dass die Lungenprobleme
auf die Porzellanproduktion zurückzuführen seien. Berta
Hofbauer bekam daraufhin die doppelte Essensration bewil-
ligt. Am 6. Dezember, am Nikolaustag, 1944 wurde sie aus
dem KZ entlassen. Berta Hofbauer glaubt, dass ein Gesuch
ihrer Mutter an Hitler persönlich den Ausschlag gegeben
hatte. „Da hat sie ein großes Foto rein und geschrieben,
ob er nicht so gut sein möchte, der Hitler, zu veranlassen,

Berta Hofbauer,
geborene Fritz

dass ihre Tochter entlassen wird. Sie hatte Angst, dass ich das Lager nicht überlebe. Mein Bruder ist auch gefallen im Krieg. Sie hat halt gebeten, die Mutter. Dann hieß es, der Brief ging zum SS-Himmler und der antwortete dann, dass ich in nächster Zeit entlassen werde. Dieser Brief wurde ins Lager geschickt, und sie hätten mich sofort entlassen können. Aber das haben sie nicht getan, die Sauhund, die verreckten, weil ich jemanden anzulernen hatte."

Doch dann durfte Berta Hofbauer heim. „Ich bin vom Bahnhof nach Hause gegangen. Meine Eltern haben noch nicht gewusst, dass ich komme, ich hab an der Tür geklopft, der Hund hat gebellt, sie haben rausgeschaut: ‚Mei, Berta, komm rein! Gott sei Dank, Dirndl, dass du wieder da bist!'" Geschämt habe sie sich nicht, sagt Berta Hofbauer. Ihre Haare waren schon wieder etwas nachgewachsen, und sie trug einfach ein Kopftuch. Niemand habe abfällige Bemerkungen gemacht. Ottilie B. wurde erst am 20. April 1945 in Neurohlau von den Amerikanern befreit. Die beiden Frauen haben das Konzentrationslager überlebt, Karol Wolowiec nicht.

Aus Verzweiflung das Kind getötet

Wassili Sisko, verhaftet in der Gemeinde Falkenberg, hingerichtet am 2. Oktober 1943 im KZ Flossenbürg

„Haft" ist rot auf das Protokoll der Vernehmung einer Frau aus dem Landkreis Tirschenreuth durch den Untersuchungsrichter in Weiden gestempelt. Die Beschuldigte war geständig. Die Bauerntochter hatte schon gegenüber der Regensburger Kriminalbeamtin Berta Rathsam am 6. September 1943 zugegeben, ihr neugeborenes Kind getötet zu haben. „Wenn es ein deutsches Kind gewesen wäre, hätte ich es nicht getan. Die Mutter hat gesagt: ‚Lass es leben, das Kind kann ja nichts dafür, mach es nicht hin, das Kind!'"

Ein aufmerksamer Polizist hatte „gesprächsweise" in Erfahrung gebracht, dass eine Frau in seinem Zuständigkeitsbereich schwanger war. Plötzlich war von der Schwangerschaft aber nichts mehr zu sehen und von einer Entbindung hatte er nichts gehört. Vielmehr kursierte das Gerücht, die Frau habe abgetrieben. Der Polizist sah sich in der Pflicht, aktiv zu werden. Er bat Kriminalobersekretärin Berta Rathsam aus Regensburg, die gerade in der Gegend war, die Verdächtige zu vernehmen.

Der Vater des Kindes war Wassili Sisko, der am 22. Juli 1924 in Rotitschi in der Nähe von Kiew geboren wurde. Er kam 1942 auf einen Bauernhof in der nördlichen Oberpfalz. Er hatte sich freiwillig zum Arbeitseinsatz in Deutschland gemeldet und trug die Bezeichnung „Ost" an seiner Kleidung, wie es für Zwangsarbeiter aus der früheren Sowjetunion vorgeschrieben war. Wassili Sisko wohnte im Haus der Familie der jungen Frau. Der Ukrainer und die Tochter der Bäuerin arbeiteten oft zusammen auf dem Feld oder im Wald. Es entwickelte sich eine Liebesbeziehung. Nach einiger Zeit wurde die Frau schwanger und sah in ihrer Not keinen anderen Ausweg, als das Kind kurz nach der Geburt zu töten.

Die Frau wurde im Verfahren gegen die Regensburger Gestapo-Leute 1953 noch einmal gehört. Da erklärte sie: „Im Jahre 1943 wurde ich von einem ukrainischen Zivilarbeiter, der bei uns gearbeitet und gewohnt hat, geschwängert. Um der Schande aus dem Wege zu gehen, habe ich das Kind, das ich heimlich geboren habe, gleich nach der Geburt getötet."

Wegen der Tötung des Kindes wurde die Frau vom Landgericht Weiden am 26. Oktober 1943 zu drei Jahren Haft verurteilt. Sie musste, ihrer eigenen Aussage zufolge, nur die Hälfte der Strafe verbüßen. Zunächst hatte ihr Bruder geltend gemacht, dass er seine Schwester als Arbeitskraft auf dem Hof brauche. Der zuständige Oberstaatsanwalt in Weiden bewilligte der Frau, die in Bernau am Chiemsee inhaftiert war, deshalb vom 30. Juni 1944 bis 2. Januar 1945 Strafunterbrechung. Am 28. August 1946 setzte das Bayerische Justizministerium die Strafe schließlich zur Bewährung aus.

Ihre Mutter wurde wegen Beihilfe zur Kindstötung zu vier Monaten Gefängnis verurteilt. Nach drei Monaten im Gefängnis Weiden wurde sie entlassen.

Der Ukrainer hingegen bezahlte mit seinem Leben. Die Hinrichtung ist im Rahmen der hier dargestellten Exekutionen die einzige eines Zwangsarbeiters aus der früheren Sowjetunion.

Die Frau hatte ausgesagt, dass der Verkehr anfänglich gegen ihren Willen und unter Gewaltanwendung geschehen sei. Die Kriminalbeamtin Berta Rathsam wies bereits in ihrem Protokoll vom 7. September 1943 darauf hin, dass sie das nicht glaube, nachdem die Beschuldigte „vom November 1942 bis Juni 1943 fortgesetzt Geschlechtsverkehr" mit dem sowjetischen Arbeiter Sisko hatte. „Wenn sie von Notzucht spricht, und dies vielleicht sogar selber glaubt, dann kann es sich nur darauf beziehen, dass Sisko sie gegen ihren Wunsch und Willen schwängerte."

Die Gestapo sah das anders. Ein Gestapo-Mann habe Berta Rathsam in ihrem Büro aufgesucht und die Meinung vertreten, „dass sich der Russe der Notzucht schuldig gemacht habe", erklärte sie 1954. Berta Rathsam sah das nicht so: „Ich hielt die Beziehung für ein regelrechtes Liebesverhältnis." Auch ihr gegenüber habe die Beschuldigte angegeben, dass sie „genotzüchtigt" worden sei. „Ich hatte aber aus den Einzelheiten der Vernehmung die Überzeugung gewonnen, dass von einer Notzucht keine Rede sein konnte." Sie habe auch vergeblich bei Polizeidirektor und Gestapo-Chef Fritz Popp zu Gunsten von Sisko interveniert, erklärte Berta Rathsam. Popp schrieb am 30. Oktober 1943 an die Staatsanwaltschaft Weiden: „Ich habe gegen Sisko am 17. September 1943 beim Reichssicherheitshauptamt Antrag auf ‚Sonderbehandlung' gestellt".

Wassili Sisko wurde am 2. Oktober 1943 im KZ Flossenbürg hingerichtet.

Heirat nicht erwünscht

Mieczyslaw Gruchacz, verhaftet in Reicherstetten, Landkreis Landshut, gestorben am 1. April 1944 im KZ Flossenbürg

Mieczyslaw Gruchacz wollte eine Frau aus Niederbayern heiraten, die von ihm ein Kind erwartete. Doch daraus wurde nichts. Der NS-Staat hielt ihn nicht für würdig, Deutscher zu werden.

Die Aktenlage ist dünn, der Fall bereits in dem Buch „Entweder – Oder!", einer Publikation der Industriegewerkschaft Metall zur Geschichte der Arbeiterbewegung in Landshut, dokumentiert. Das Kind aus dieser Beziehung will anonym bleiben. Der polnische Zwangsarbeiter Mieczyslaw Gruchacz kam im April 1941 auf einen Bauernhof in Reicherstetten im Landkreis Landshut. Gruchacz besuchte hin und wieder zwei Polen auf dem Nachbargehöft, um mit ihnen Karten zu spielen. Dort arbeitete auch eine deutsche Frau als Melkerin, in die sich Mieczyslaw Gruchacz vermutlich verliebte. Beide waren Jahrgang 1921, der Pole gerade mal ein halbes Jahr älter als die Deutsche. Die Frau wurde schwanger und das Paar wollte heiraten. Mieczyslaw Gruchacz bemühte sich offenbar um die „Eindeutschung".

Einer im Staatsarchiv Landshut dokumentierten Niederschrift des Landratsamtes zufolge bat die Frau um Milde: „Gruchacz ist kein Nationalpole. Sein Vater hat im österreichisch-ungarischen Heere in dem Krieg 1914 bis 1918 gedient. Gruchacz hat jedenfalls in Polen eine deutsche Schule besucht, denn er spricht und liest sehr gut deutsch. Ich habe angenommen, dass er mindestens von einem deutschen Elternteil stammt und mich daher mit ihm eingelassen. Er hat mir sofort fest die Heirat versprochen und, als offenkundig wurde, dass ich von ihm ein Kind erwarte, Schritte zur Eintragung in die deutsche Volksliste unternommen. Ich bitte, dass unter diesen Umständen gegen mich und Gruchacz keine staatspolizeilichen Schritte unternommen werden."

Die Gestapo bestätigte am 4. November 1943, dass Gruchacz beantragt habe, in die deutsche Volksliste eingetragen zu werden. Es handelte sich offenbar um einen gebildeten jungen Mann. Er habe vier Jahre das Gymnasium besucht, drei Jahre eine Lehre absolviert und als Kaufmannsgehilfe im Geschäft seines Vaters gearbeitet. Der Vater habe tatsächlich im österreichisch-ungarischen Heere Kriegsdienst geleistet, ist da zu lesen.

Doch die Hoffnung des Paares erfüllte sich nicht. Mieczyslaw Gruchacz wurde „in Schutzhaft genommen" und, nach den Unterlagen der KZ-Gedenkstätte Flossenbürg, am 3. März 1944 dort eingeliefert. Er erhielt die Häftlingsnummer 3888.

Die Gestapo Regensburg resümierte am 12. September 1944, die Angelegenheit sei „inzwischen zum Abschluss gekommen". Das Reichssicherheitshauptamt habe gegen die Frau keine weiteren Maßnahmen angeordnet, sie wurde lediglich belehrt und verwarnt. Eine Chance, den Polen zu heiraten, hatte sie nicht. „Das für Gruchacz durchgeführte Wiedereindeutschungsverfahren ergab, dass es sich bei ihm um einen untragbaren Bevölkerungszuwachs handelte."

Mieczyslaw Gruchacz starb am 1. April 1944 im KZ Flossenbürg an Tuberkulose, heißt es. Er war 23 Jahre alt.

Schicksal unbekannt

Stanislaw Czabanski, verhaftet am 22. Mai 1944 in Furth bei Landshut, deportiert in das KZ Bergen-Belsen

„Ich hab immer darauf gewartet, dass mal ein Forscher kommt und fragt", sagt Anna Pelzer, die Tochter von Stanislaw Czabanski. In den Akten des Staatsarchivs Landshut findet sich der Fall von Anna Brücklmeier, die 1944 in Furth bei Landshut von dem polnischen Zwangsarbeiter Stanislaw Czabanski Zwillinge bekommen hatte. Anna Pelzer ist einer der Zwillinge. Ihre Schwester starb drei Wochen nach der Geburt. Zum ersten Mal sieht sie jetzt bei unserem Treffen Dokumente über ihren Vater, von dessen Schicksal sie bisher nichts wusste.

Mit Hilfe der Akten lässt sich die Liebesbeziehung ihrer Eltern nachzeichnen. Es sind Schriftstücke aus der NS-Zeit, von der Anzeige bis zur Einweisung der beiden in verschiedene Konzentrationslager.

Anna Brücklmeier, die Mutter von Anna Pelzer, war in der Landwirtschaft des örtlichen Maristenklosters beschäftigt und hatte bereits eine uneheliche Tochter, als sie Stanislaw Czabanski kennenlernte. Der Pole, der „zum Arbeitseinsatz im Reich dienstverpflichtet" worden war, wurde dem Kloster im Juli 1940 zugewiesen. Als Anna Brücklmeier von dem 20 Jahre jüngeren Polen schwanger wurde, schlug der Ortsgruppenleiter der NSDAP Alarm und informierte am 15. April 1944 – in holprigem Deutsch – den „Beauftragten für Volkstumsfragen" bei der Kreisleitung in Landshut: „Die ledige landwirtschaftliche Arbeiterin Anna Brücklmeier, geb. am 21. Juli 1901 in Furth. Anna Brücklmeier ist in anderen Umständen (schwanger) nach den Aussagen der Leute ungefähr 6-7 Monate, es geht in der Ortschaft das Gerücht, dass selbe von einem Polen in anderen Umständen sein soll, was auch anzunehmen ist, da nach meinen jetzigen Erkundigungen selbe mit den Polen, welche in der Gutsverwaltung beschäftigt sind, in sehr intimen Beziehungen gestanden sein soll, ersuche ich Sie, sich mit der Angelegenheit zu beschäftigen und weiteren Erhebungen nachzukommen. Der in Frage kommende Pole heißt Gabanski Stanislaus. Heil Hitler!"

Die Gestapo in Regensburg wurde informiert, und Kriminalkommissar Sebastian Ranner ordnete am 19. Mai 1944 in einem Schreiben an den Landrat von Landshut an, Czabanski „zu meiner Verfügung" festzunehmen und in das Gerichtsgefängnis Landshut einzuliefern. Czabanski, der in der Gutsbrauerei des Maristenklosters beschäftigt sei, stehe „in

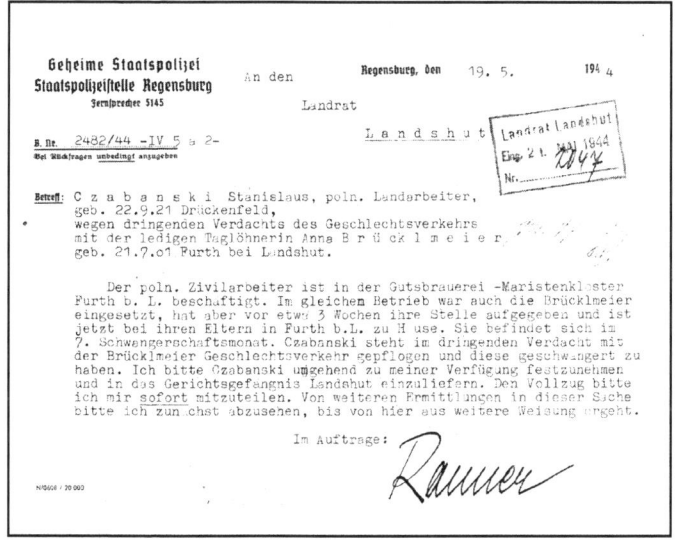

Schreiben der Gestapo an den Landrat in Landshut, unterzeichnet von Kriminalkommissar Sebastian Ranner

dringendem Verdacht, mit der Brücklmeier Geschlechtsverkehr gepflogen und diese geschwängert zu haben".

Anna Brücklmeier brachte am 19. Juni 1944 zwei Mädchen zur Welt. Die Niederbayerin wusste vermutlich um die Gefahr, in der sie und Stanislaw Czabanski sich befanden. Sie gab, vermutlich um die Behörden in die Irre zu führen, einen deutschen Soldaten als Vater an. Doch die Gestapo ermittelte, dass der Soldat, der im Juni 1944 „den Heldentod starb", schon am 1. Juli 1943 aus der Gegend weg versetzt worden war, so dass er als Vater nicht in Frage kam.

Die Gestapo, deren Schreiben die Unterschriften von Gestapochef Fritz Popp und seines Stellvertreters Sebastian Ranner tragen, ließ den Fall weiter untersuchen. Stanislaw Czabanski gab das Liebesverhältnis schließlich zu. Im Zuge dieser Nachforschungen tauchte zudem der Verdacht auf, dass der Pole auch noch mit zwei anderen, ebenfalls im örtlichen Maristenkloster beschäftigten, Tagelöhnerinnen verbotene Kontakte hatte. Eine Frau habe seine Avancen abgewiesen. Sie wurde von einem örtlichen Polizisten auftragsgemäß „eingehend belehrt". Die andere habe sich Zärtlichkeiten gefallen lassen. Sie wurde „wegen Duldung der Vornahme unzüchtiger Handlungen durch den poln. Landarbeiter Czabanski streng verwarnt".

Gestapochef Fritz Popp ließ das Landratsamt am 3. August 1944 wissen, Czabanski sei am 6. Juni 1944 in Regensburg „rassenmäßig überprüft" worden. Das Gutachten stehe aber noch aus. „Gegen ihn werde ich Schutzhaft verhängen und seine Einweisung, je nach dem Ergebnis der Überprüfung, in ein KL. oder in das SS-Sonderlager Hinzert veranlassen." In das SS-Sonderlager Hinzert im Hunsrück kamen ab Februar 1943 Häftlinge, bei denen die Gestapo die Chance sah, dass sie „eingedeutscht" werden könnten. Offenbar kam die Gestapo aber zu dem Schluss, dass Czabanski kein geeigneter Kandidat für eine „Eindeutschung" war. Sie informierte nämlich den Landrat, dass Czabanski „in den nächsten Tagen in das Konzentrationslager Flossenbürg" eingeliefert werde. In Flossenbürg kam der Pole am 16. Oktober 1944 an und erhielt die Häftlingsnummer 29089. Am 8. März 1945 wurde er mit einem Krankentransport in das KZ Bergen-Belsen überstellt. Dann verliert sich seine Spur. In den Unterlagen der KZ-Gedenkstätte Bergen-Belsen findet sich sein Name nicht unter den befreiten Häftlingen. Vermutlich starb er in diesem Lager, das bei Kriegsende mit bis zu 80.000 Häftlingen heillos überfüllt war und in dem Flecktyphus und andere Krankheiten wüteten.

Obwohl Anna Brücklmeier bereits eine ältere Tochter hatte und jetzt ein weiteres Kind versorgen musste, kannte die Gestapo keine Gnade. Am 24. August 1944 verfügte sie, dass Anna Brücklmeier gemäß einer Order aus Berlin „nach Abstillung sofort in ein KL zu überstellen ist". Laut „Transportzettel" wurde sie am 3. Oktober 1944 in das Frauen-KZ Ravensbrück transportiert.

Anna Pelzer weiß auch von der KZ-Haft ihrer Mutter nichts. Sie hatte kein gutes Verhältnis zu ihr und stets das Gefühl, im Gegensatz zu ihrer älteren Schwester nicht willkommen zu sein. Der Satz „Dich haben wir grad noch braucht!" sei öfter gefallen, erzählt sie. Möglicherweise war Anna Brücklmeier, wie viele andere Frauen auch, nach ihrer KZ-Haft nicht in der Lage, ein normales Verhältnis zu ihrer Tochter aufzubauen. Hänseleien blieben Anna Pelzer als Kind erspart. Sie wurde nicht als Kind eines Polen verspottet. Diskriminiert fühlte sie sich durch ihren Status als uneheliches Kind.

Anna Pelzer legt die Papiere vorsichtig zur Seite und sagt: „Meine Tochter wird das auch sehr interessieren."

III.

Die Verfolgung überlebt

„Eingedeutscht"

Stanislaw Mlynarski, verhaftet am 15. Dezember 1941 in Pickenbach, Landkreis Kelheim

„Er hat viel Glück gehabt", sagt Gerhardt Mlynarski über seinen Vater Stanislaw, der im Jahre 2008 im Alter von 91 Jahren in Kelheim gestorben ist. Gerhardt Mlynarski und seine Schwester Annemarie kennen die Geschichte ihrer Eltern. Bruchstückhaft wurde in der Familie hin und wieder darüber gesprochen.

Ihr Vater arbeitete auf einem Gut in Pickenbach und verliebte sich in Anna Aukofer, eine junge Kelheimerin, die ebenfalls dort beschäftigt war. Gerhardt Mlynarski, der am 17. Januar 1942 zur Welt kam, ist das erste Kind, das aus dieser Liebesbeziehung hervorging, zwei weitere sollten folgen.

Stanislaw Mlynarski wurde 1940 zur Zwangsarbeit nach Deutschland „verfrachtet", wie er selbst schrieb: „Hier wurden wir auf Schritt und Tritt verfolgt. So wurde ich am 15. Dezember 1941 von der deutschen Polizei verhaftet und in das Gefängnis in Regensburg eingeliefert. Von dort wurde ich nach München überführt, wo ich auf die Todesstrafe wartete. Der Grund war ein Liebesverhältnis mit einem deutschen Mädchen, wofür mir als Pole damals die Todesstrafe drohte." Diese Zeilen stammen aus einer eidesstattlichen Erklärung, in der er 1949 dem einstigen Leiter der Polizei in Kelheim bestätigte, dass dieser sich für ihn verwandt hatte. Ein halbes Jahr nach seiner Verhaftung wurde er am 30. Juni 1942 wieder auf freien Fuß gesetzt.

Während seiner Haft in München wurde Stanislaw Mlynarski rassisch untersucht. Auf einer Karteikarte mussten bei dieser Untersuchung 42 Punkte beurteilt werden, wie „Haltung", „Beinlänge" oder „Augenfaltenbildung". Es

*Stanislaw Mlynarski
konnte nach seiner
„Eindeutschung" heiraten*

wurde festgestellt, ob die Lidspalte „spindelförmig" oder
„enggeschlitzt", der Nasenrücken „gerade" oder „einwärts-
gebogen", die Backenknochen „unbetont" oder „vorquellend"
sind. Mlynarski hatte großes Glück. Der Chef des „Ras-
seamtes im Rasse- und Siedlungshauptamt-SS" schrieb:
„Auf Grund der am 10.3.1942 in München durchgeführten
Untersuchung wird festgestellt, dass der Pole in rassischer
Hinsicht den Anforderungen der Eindeutschung entspricht."
Gerhardt Mlynarski berichtet, dass, nach den Erzählungen
des Vaters, diesem in München einer der vernehmenden
Beamten gut gesonnen gewesen sei. Der Vater habe sehr
gut deutsch gesprochen und während seiner Haft auch für
die NS-Justiz übersetzt, erzählen die beiden Kinder von
Stanislaw Mlynarski.
Der Chef der „Sicherheitspolizei und des SD" ließ am 6.
Juni 1942 den „Reichskommissar für die Festigung des
deutschen Volkstums" in Berlin-Halensee wissen: „Der
Pole bekennt sich als Vater des Kindes. Beide sind gewillt,

die Ehe miteinander einzugehen. Da der Pole nach der beiliegenden Bescheinigung des Rasse- und Siedlungshauptamtes-SS eindeutschungsfähig ist und auch in charakterlicher und arbeitsmäßiger Hinsicht gut beurteilt wird, wünscht der Reichsführer-SS, dass beide Personen die Ehe schnell eingehen. Die bisher verbüßte Schutzhaft wird als ausreichende Strafe für den Verstoß gegen das Verbot des Geschlechtsverkehrs angesehen und Mlynarski demnächst entlassen werden."

Ab Februar 1943 hatten sich Polen, die „eingedeutscht" wurden, im SS-Sonderlager Hinzert im Hunsrück „zu bewähren". Stanislaw Mlynarski blieb dies erspart, er kam wieder auf den Hof in Pickenbach, muss von seiner Haft aber deutlich gezeichnet gewesen sein. Zumindest wird eine Aussage seines Dienstherrn in einem Schreiben des „Höheren SS- und Polizeiführers in den Wehrkreisen VII und XIII" aus München vom 4. August 1942 in diesem Sinne wiedergegeben: „Die Kunde von seiner Rückkehr sei wie ein Lauffeuer rundum gegangen und der noch lebende Mlynarski musste mit seinem Aussehen als ungemein abschreckendes Beispiel gewirkt haben."

Stanislaw Mlynarski war wieder frei und das Paar heiratete am 20. Februar 1943. Im Herbst 1943 kam bereits der zweite Sohn zur Welt. Die Familie durfte aber nicht im Raum Kelheim bleiben, weil ihr Beispiel nicht Schule machen sollte. Deshalb wurde den Eheleuten befohlen, in den Zuständigkeitsbereich des „Höheren SS- und Polizeiführers Elbe" überzusiedeln. Alle Einwände halfen nichts, das junge Paar musste sich eines Tages mit seinen beiden kleinen Kindern auf den Weg machen. In der Nähe von Dresden sei der Vater wieder bei einem Landwirt eingesetzt worden. Doch dann kamen die Alliierten immer näher und die Familie kehrte nach Niederbayern zurück, berichtet Gerhardt Mlynarski. 1946 kam Schwester Annemarie zur Welt. Der Krieg war aus, die Gefahr überstanden, doch leicht war das Leben auch nach der Befreiung nicht. Der Vater arbeitete wieder bei dem Landwirt in Pickenbach, später in einem Steinbruch und schließlich in der inzwischen stillgelegten Zellstofffabrik. Zunächst lebte die fünfköpfige Familie in einem Zimmer bei der Großmutter in Kelheim. In der Schule bekamen sie schon mal „Polensau" zu hören, aber das habe sich dann gelegt, sagen die Geschwister heute, vielleicht schon

Stanislaw Mlynarski mit seiner Frau Anna, der Schwiegermutter und der Tochter Annemarie als Kommunionkind

etwas altersmilde. Was sie schwerer traf: Die deutsche Staatsbürgerschaft wurde ihnen nach der Befreiung wieder genommen. Gerhardt Mlynarski wollte als 25-Jähriger nach Österreich fahren, wurde aber an der Grenze als Staatenloser zurückgewiesen. „Da fühlte man sich schon diskriminiert", sagt seine Schwester Annemarie. Schließlich erhielt die Familie dann doch die Staatsbürgerschaft der Bundesrepublik Deutschland.

„Die Eltern hatten viel Kraft", meint Gerhardt Mlynarski rückblickend. Der Vater war der ruhende Pol zu Hause, ergänzt Schwester Annemarie, „er war ein Familienmensch". Gerhardt Mlynarski deutet auf das Fensterbrett. Dort steht ein Bild seines Vaters. „Das war er, der Chef", sagt der Sohn voller Respekt.

Weihnachtsgrüße aus Amerika

Pjotr Zuk, verhaftet am 18. Mai 1942 in Tännesberg, Landkreis Neustadt an der Waldnaab

„Ja, das war meine Großmutter", sagt Martin Puff auf die Frage nach Anna Puff, Jahrgang 1917, die in Heumaden, Hausnummer 18, in der Gemeinde Moosbach im Landkreis Neustadt an der Waldnaab zu Hause war und 1942 ein Kind bekam, dessen Vater Pjotr Zuk hieß. Das Kind sei sein bereits verstorbener Vater Heinrich, erklärt Martin Puff, der heute auf dem Anwesen in der Nähe der tschechischen Grenze lebt, in dem auch Anna Puff zu Hause war.

Pjotr Zuk wurde nicht hingerichtet, deshalb ging die Staatsanwaltschaft diesem Fall in den 50er Jahren nicht nach. Dokumentiert ist die Geschichte des Paares mit Schriftwechseln aus der NS-Zeit im Staatsarchiv Amberg. Auf dem roten Karton steht handschriftlich mit schwarzem Filzstift geschrieben: „Akten des Bezirksamts Vohenstrauß. Betreff: Zivilarbeiter aus dem altsowjet. Gebiet".

Pjotr Zuk war ein ehemaliger Kriegsgefangener. In den Akten wird er als „weißrussischer Landarbeiter polnischer Staatsangehörigkeit" geführt. Pjotr Zuk und Anna Puff arbeiteten bei einem Landwirt im nahen Ödhof. Schließlich wurde Anna Puff schwanger und ihre Liebe ein Fall für die Polizei. Es gibt keinen Hinweis darauf, wer die Behörden informiert haben könnte. Als sie verhört wurden, war Pjotr Zuk schon zu einem Landwirt in Tännesberg gewechselt und Anna Puff wegen ihrer Schwangerschaft zu ihren Eltern nach Heumaden zurückgekehrt.

Bei ihrer Vernehmung durch Polizisten aus dem nahen Eslarn zeigte sich die schwangere Frau am 16. Mai 1942 keiner Schuld bewusst und gestand die Liebesbeziehung mit Pjotr Zuk: „Dieser sagte oft zu mir, dass er Weißrusse sei. Als solcher dürfe er auch ein deutsches Mädchen heiraten. Die Weißrussen hätten genau dieselben Rechte wie ein deutscher Arbeiter. Diesen Äußerungen hab ich schließlich Glauben geschenkt, weil Zuk dies immer wieder sagte." Anna Puff brachte am 21. Juni 1942 einen Sohn zur Welt, den sie Heinrich nannte. Sie wurde nicht weiter behelligt, möglicherweise weil das Paar heiraten wollte und Aussicht hatte, den Segen des Regimes zu bekommen.

Pjotr Zuk wurde am 18. Mai 1942 festgenommen und in das Landgerichtsgefängnis Weiden gebracht. In seiner Verneh-

Pjotr Zuk, Ausschnitt aus einem Dokument der internationalen Flüchtlingsorganisation IRO von 1950

Anna Puff

mung erklärte er, dass ihm das weißrussische Konsulat in
Berlin geschrieben habe, er sei wie ein deutscher Arbeiter
anzusehen. In den Akten des NS-Staates wird er aber stets
als Pole bezeichnet. Außerdem wollte er von einem Liebes-
verbot mit Deutschen nichts gewusst haben. Die Gestapo
Regensburg fragte deshalb beim Landratsamt in Vohenstrauß
nach. Der Landrat antwortete, dass der Bürgermeister den
Belehrungsnachweis nicht finde, „jedoch mit Gewissheit"
sagen könne, „dass die Belehrung des Zuk stattgefunden
hat". Die polnischen Zwangsarbeiter mussten nämlich mit
ihrer Unterschrift bestätigen, dass ihnen das Merkblatt vorgelesen worden war, demzufolge Geschlechtsverkehr mit

Anna Puff mit ihrem Sohn Heinrich, dem gemeinsamen Kind mit Pjotr Zuk, Mitte der 40er Jahre

einer deutschen Frau mit dem Tod bestraft wird. Die Kenntnis dieses Merkblatts gehörte zum pseudorechtlichen Teil
dieser Verfahren. Vom Gefängnis Weiden wurde Pjotr Zuk
am 30. September 1942 in das KZ Flossenbürg überstellt.
Dort erhielt er die Häftlingsnummer 579. Ein halbes Jahr
später, am 29. März 1943, wurde er in das SS-Sonderlager
Hinzert im Hunsrück überstellt. Hinzert war ein Konzentrationslager, das sowohl als Durchgangslager zu anderen KZ
diente als auch als „Eindeutschungslager". Zwangsarbeiter
aus dem Osten sollten sich während ihrer Gefangenschaft
hier „bewähren" und sich ihre „Eindeutschung" verdienen.
Pjotr Zuk wurde zunächst für würdig erachtet, Deutscher
zu werden, wie aus den Unterlagen der Gedenkstätte SS-
Sonderlager/KZ Hinzert hervorgeht.
Eine erste rassische Untersuchung der Gestapo war positiv
ausgefallen. Es wurde festgestellt, dass der 1,65 Meter große
Pjotr Zuk unter anderem hellbraune Haare, fahlweiße Haut,

blaugraue Augen, eine schwache Körperbehaarung und eine schlicht-weitwellige Haarform habe. „Der Chef des Rasse- und Siedlungshauptamtes-SS" zog als Fazit, Zuk sei „eindeutschungsfähig". Das Reichssicherheitshauptamt in Berlin befürwortete schließlich am 25. Februar 1943 die Heirat mit Anna Puff. Paul Sporrenberg, der Lagerkommandant von Hinzert, bestätigte, dass Zuk „für die Eindeutschung charakterlich und seiner Haltung nach geeignet" sei. Doch die obligatorische „Sippenüberprüfung", bei der vermutlich Zuks Verwandtschaft in Polen in Augenschein genommen wurde, fiel einem Schreiben vom 24. Juli 1944 zufolge negativ aus. Das letzte Wort war jedoch noch nicht gesprochen. Der Regensburger Gestapo-Chef Fritz Popp schrieb am 20. Februar 1945 an den Landrat von Vohenstrauß: „Das Reichssicherheitshauptamt hat mit Erlass vom 3. Januar 1945 die Schutzhaft gegen Zuk aufgehoben und den Kommandanten des SS-Sonderlagers Hinzert angewiesen, Zuk der Stapostelle Regensburg zum Arbeitseinsatz zu überstellen. Zuk hat sich heute hier gemeldet. Ich habe ihn anschließend zu seinem alten Arbeitgeber in Ödhof in Marsch gesetzt, da sich die Einsatzstelle für eine weitere Beschäftigung des Zuk eignet. Gegen Zuk ist ein Eindeutschungsverfahren anhängig. Ich bitte über seine Führung vierteljährlich, erstmals am 25. Mai 1945 zu berichten."

Da war der Krieg schon zu Ende und Pjotr Zuk endlich frei. Das Paar wollte zunächst heiraten, sagt Maria Puff, die mit Heinrich, dem Sohn von Anna Puff und Pjotr Zuk, verheiratet war. Doch Zuk fuhr nach Regensburg, um die notwendigen Papiere zu besorgen – und kam nicht wieder. Ihre Schwiegermutter habe nicht viel darüber geredet, aber sie habe sich im Stich gelassen gefühlt. Ihr verstorbener Mann habe mehr darunter gelitten, ein uneheliches Kind zu sein, als darunter, dass sein Vater Weißrusse war, sagt sie. In der Familie wird Zuk als Weißrusse bezeichnet; dass er polnischer Staatsbürger war, wusste hier niemand. Als Heinrich

Puff 1964 heiratete, ließ er seinen Vater über das Rote Kreuz suchen und fand ihn in Amerika. Pjotr Zuk schickte aus den USA eine Weihnachtskarte. Das junge Paar sandte ihm sein Hochzeitsbild. Pjotr Zuk antwortete aber nicht mehr, sagt Maria Puff: „Damit war das für uns abgeschlossen."

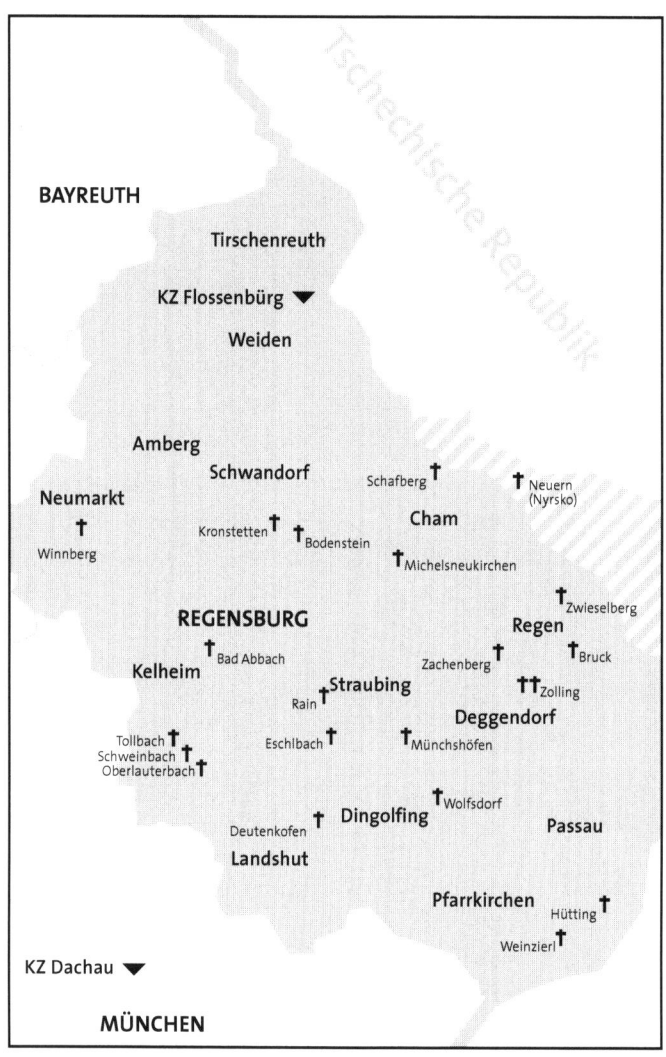

Hinrichtungen in Niederbayern, der Oberpfalz und in Neuern;
die schraffierte Fläche markiert die Landkreise Markt Eisen-
stein, Bergreichenstein und Prachatitz, die nach der Zerschla-
gung der Tschechoslowakei 1938 dem Regierungsbezirk Nieder-
bayern/Oberpfalz angegliedert wurden.

V e r z e i c h n i s
der
ausländischen Zivilarbeiter, die im Bereiche
der Gestapo-Stelle Regensburg gehängt wurden:

Lfd. Nr.	N a m e	Vorname	Wann gehängt?	Wo gehängt?	Bd.	Blatt- zahl
1.	M a j k a	Julian	18. 4.41	Michelsneu= kirchen	I II	97 362 – 364
2.	Berdzinski	Josef	6. 8.41	Wolfsdorf	I II	99 288 – 296
3.	J a r e c k	Wladislaw	15. 8.41	Eschlbach	I II	91 373 – 376
4.	G o r k a	Jan	30. 8.41	Kirchdorf	I II	1o9 300,377-387
5.	Krawczyk	Wladislaw	4.12.41	Weinzierl	I II	1o7 312 – 333
6.	W o l a k	Thomas	1o. 3.42	Deutenkofen	I II	95 273 – 287
7.	Gongorowski	Richard	1o. 3.42	N/schneiding	I II	9o 388 – 397
8.	Rutkowski	Casimir	2o. 3.42	Hütting	II	334 – 349
9.	Trzeciak	Dydak	8. 5.42	Zachenberg	I II	92 297 – 299 398 – 41o
1o.	Skupien	Florian	17. 7.42	Oberlauterbach	II	238,24o-272
11.	Czapraga	Jan	28. 7.42	Sengenthal	I II	1o5, 1o6 406 – 501,5.2
12.	D y l a g	Paul	27. 8.42	Rain	I II	1oo 411 – 416
13.	Strychalski	Stanislaus	27. 8.42	Zolling	I	1 – 2o
14.	Arciszewski	Stanislaus	3. 9.42	Schafberg	I II	96 417 – 428
15.	Unbekannt		3. 9.42	Neuern	I II	94 429 – 433
16.	Haberko	Felix	16.1o.42	Bad-Abbach	II	3o5,
17.	Marzec	Sigmund	12.11.42	Bodenstein	I II	89 366 – 372
18.	K y c i a	Michael	12.11.42	Zolling	I	1 – 2o
19.	Belzyr	Wladislaw	13.11.42	Tollbach	II	3o1 –3o4 434 – 437
2o.	Morawski	Stanislaus	13.11.42	Schweinbach	II	238,241-272
21.	Bdzukot	Josef	25.11.42	Kronstetten	II	3o6 – 311 438 – 443
22.	Piersiak	Adam	29. 4.43	Zwieselberg	I II	119 5o2 – 51o/5.2
23.	S i s k o	Wasilij	2.1o.43	Flossenbürg	I II	123,124 444 – 46o
24.	Bornewitsch	Michael	vermutl.	Flossenbürg	II	461 – 466
25.	Krajoski	Stanislaus	vermutl.	Flossenbürg	II	234,467-469
26.	Witeck	Marian	vermutl.	Flossenbürg	II	47o – 476
27.	Jaskulski	Eduard	vermutl.	Flossenbürg	II	47o – 479

Erstellt:
Regensburg, den 26. Oktober 1953

Köhler

(Köhler)
Pol. Ob. Mstr.

Diese Liste der Exekutionen wurde in dem Verfahren gegen die Gestapo-Männer Fritz Popp, Sebastian Ranner und Luitpold Kuhn im Oktober 1953 angelegt. Auf ihr sind über die in diesem Buch behandelten Hinrichtungen hinaus vier weitere Namen am Schluss vermerkt: „Michael Bronewitsch, Stanislaus Krajeski,

Marian Witek, Eduard Jaskulski"; vermutet wurde, dass sie im KZ Flossenbürg hingerichtet wurden.

- Von dem Polen, der stets „Bronewitsch" geschrieben wurde, sind weder Geburtsdatum noch Sterbetag bekannt. Der Pole hieß vermutlich Michal Bronewicz und arbeitete auf einem Bauernhof in Illschwang im Landkreis Amberg-Sulzbach. Er soll sich im Sommer 1943 einer Jugendlichen „sittlich genähert haben". Der Polizist, der den Polen verhaftete, sagte 1953 im Ermittlungsverfahren aus, dass damals von der Gestapo etwa folgende Meldung gekommen sei: „Der Pole Michael X wurde in Flossenbürg öffentlich durch den Strang hingerichtet. Diese Mitteilung ist an der Gemeindetafel als Abschreckungsmittel öffentlich anzuschlagen." (Aussage vom 6.9.1953)

- Stanislaw Krajewski, in der Liste Stanislaus Krajeski geschrieben, geboren am 17. November 1923, war auf einem Bauernhof in Oberhinkofen im Landkreis Regensburg beschäftigt. Die Bäuerin erstattete 1943 Anzeige, weil der Pole versucht haben soll, ihre achtjährige Tochter zu missbrauchen. Die Gestapo Regensburg holte den Verhafteten in der Polizeistation Obertraubling ab. Krajewski wurde am 19. Juni 1944 im KZ Flossenbürg erhängt.

- Marian Witek, geboren am 9. Januar 1924, arbeitete in Aicha im Landkreis Neumarkt. Die Tochter „seines" Bauern bekam von ihm einen Sohn. Die Frau starb im KZ Ravensbrück. Witek wurde in das KZ Mauthausen eingeliefert, in das Außenlager Amstetten überstellt und überlebte.

- Kazimierz Jaskulski, als Eduard Jaskulski in der Liste, geboren am 11. Januar 1901, wurde in Sulzbach-Rosenberg verhaftet. Ein Polizist hatte am Stadtweiher auf einer Bank eine Frau und einen Mann sitzen sehen, von denen er vermutete, „dass sie in intimeren Beziehungen stehen". Es gelang ihm, die Liebesbeziehung nachzuweisen. Aktivisten der NSDAP schnitten der verheirateten Frau die Haare ab, hängten ihr ein Plakat um und führten sie durch die Stadt. „Der Mann auf der Bank" war im Eisenwerk der Maxhütte beschäftigt und hieß Kazimierz Jaskulski. Der Pole wurde in das KZ Dachau eingeliefert und von dort am 13. Dezember 1940 nach Auschwitz überstellt. Das weitere Schicksal ist unbekannt.

Literatur und Quellen

Herbert, Ulrich, Fremdarbeiter, Politik und Praxis des „Ausländer-Einsatzes" in der Kriegswirtschaft des Dritten Reiches, Bonn 1999

Heusler, Andreas, Prävention durch Terror, Die Gestapo und die Kontrolle der ausländischen Zwangsarbeiter am Beispiel Münchens, in: Paul, Gerhard/Mallmann, Klaus-Michael (Hrsg.), Die Gestapo im Zweiten Weltkrieg. „Heimatfront" und besetztes Europa, Darmstadt 2000

Hochhuth, Rolf, Eine Liebe in Deutschland, Reinbek 1978

Ibel, Johannes (Hrsg.), Einvernehmliche Zusammenarbeit? Wehrmacht, Gestapo, SS und sowjetische Kriegsgefangene, Berlin 2008

KZ-Gedenkstätte Flossenbürg/Stiftung Bayerische Gedenkstätten (Hrsg.), Konzentrationslager Flossenbürg 1938-1945, Katalog zur ständigen Ausstellung, Flossenbürg 2008

Muggenthaler, Thomas, „Wir hatten keine Jugend", Zwangsarbeiter erinnern sich an ihre Zeit in Bayern, Viechtach 2003

Muggenthaler, Thomas, „Ich lege mich hin und sterbe", ehemalige Häftlinge des KZ Flossenbürg berichten, Stamsried 2005

Scharf, Eginhard, Die Verfolgung pfälzischer Frauen wegen „verbotenen Umgangs" mit Ausländern, in: Meyer, Hans Georg/ Berkessel, Hans (Hrsg.): „Unser Ziel – die Ewigkeit Deutschlands" (Die Zeit des Nationalsozialismus in Rheinland-Pfalz, Band 3), Mainz 2001

Schneider, Volker, Waffen-SS. SS-Sonderlager „Hinzert", Das Konzentrationslager im „Gau Moselland" 1939-1945, Nonnweiler-Otzenhausen 1998

Volkert, Wilhelm (Hrsg.), Handbuch der bayerischen Ämter, Gemeinden und Gerichte 1799-1980, München 1983

Ziegler-Schultes, Hildegard, Entweder – Oder!, Arbeiterbewegung in Landshut, Dokumente zu ihrer Geschichte, hrsg. von der Industriegewerkschaft Metall, 2 Bände, Landshut 1987

Staatsarchiv Amberg:
Staatsanwaltschaft Regensburg 147
Staatsanwaltschaft Amberg 1658
Staatsanwaltschaft Weiden 81, 87, 88, 99, 210, 882

Amtsgericht Roding, Strafakten 1
Bezirksamt Vohenstrauß 511
Regierungspräsidentenberichte Niederbayern/Oberpfalz, Klein-
bildfilme 7/8
Staatsarchiv Landshut:
Rep. 164 Verzeichnis 10, Nr. 1137
Rep. 164 Verzeichnis 16, Nr. 2457-9
Rep. 164 Verzeichnis 16, Nr. 1137
Rep. 167 Verzeichnis 3, Nr. 688
Spruchkammer Viechtach 2867
Staatsarchiv München:
Staatsanwaltschaften 17439/1-12
Staatsanwaltschaften 21427
Staatsanwaltschaften 34588/8
Generalstaatsanwaltschaft 284
Generalstaatsanwaltschaft OLG 369
Spruchkammerakte K 1038
Bundesarchiv Berlin:
„Sonderbehandlung", Rolle 165
„Sonderbehandlung", Rolle 167
*Dokumente des Internationalen Suchdienstes Bad Arolsen, der
Gedenkstätte Bergen-Belsen, der Gedenkstätte SS-Sonderlager/
KZ Hinzert, der KZ-Gedenkstätte Dachau, der KZ-Gedenkstätte
Flossenbürg, der Mahn- und Gedenkstätte Ravensbrück, des
Staatlichen Museums Auschwitz-Birkenau*

Nachweis der Fotos und Abbildungen:

KZ-Gedenkstätte Flossenbürg: S. 8, 9, 10, 11
Archiv Thomas Muggenthaler: S. 34, 47, 55, 57, 58, 61, 67, 96,
110, 137, 141, 155, 157, 161, 162
Archiv Konrad Haberberger: S. 80
Staatsarchiv Amberg: S. 45, 51, 73, 90, 98, 100, 118, 123, 149,167
Staatsarchiv Landshut: S. 75, 81, 121
Internationaler Suchdienst Bad Arolsen: S. 140, 160

Dank

für ihre Mitarbeit:
Dobrochna Kozlowska, Iwona Kuczkowska, Dr. Doris Lösch,
Konrad Haberberger, Dr. Joseph Berlinger, Daniela Bernhard,

für die juristische Beratung:
Rechtsanwältin Claudia Schenk (Strafrecht), Rechtsanwalt Herbert Schwarzfischer (Medienrecht),

für ihre Auskünfte:
Rudolf Fritsch, Staatsarchiv Amberg
Dr. Martin Rüth, Staatsarchiv Landshut
Robert Bierschneider, Staatsarchiv München
Johannes Ibel, KZ-Gedenkstätte Flossenbürg
Albert Knoll, KZ-Gedenkstätte Dachau
Monika Schnell, Mahn- und Gedenkstätte Ravensbrück
Elfriede Schulz, Gedenkstätte Bergen-Belsen
Krzysztof Antonczyk, Staatliches Museum Auschwitz-Birkenau
Dr. Beate Welter, Gedenkstätte SS-Sonderlager/KZ Hinzert.

Mein besonderer Dank gilt allen im Buch betroffenen Personen und ihren Familienmitgliedern für die Informationen, Gespräche und die Überlassung von Fotografien.

Inhalt

II. Tod im Konzentrationslager

III. Die Verfolgung überlebt